NEUKIRCHENER

Jürgen Roloff

Jesu Gleichnisse im Matthäusevangelium

Ein Kommentar zu Mt 13,1–52

Herausgegeben von
Helmut Kreller und Rainer Oechslen

Neukirchener

Biblisch-Theologische Studien 73

Herausgegeben von
Jörg Frey, Ferdinand Hahn, Friedhelm Hartenstein, Bernd Janowski, Matthias Konradt, Werner H. Schmidt und Wolfgang Schrage

Neukirchener Verlag
Verlagsgesellschaft des Erziehungsvereins mbH
Neukirchen-Vluyn

Druckvorlage: Helmut Kreller
Umschlaggestaltung: Hartmut Namislow
Gesamtherstellung: Breklumer Druckerei Manfred Siegel KG
Printed in Germany
ISBN 3–7887–2109–X
ISSN 0930–4800

Bibliographische Information

Die Deutsche Bibliothek verzeichnet diese Publikation in der Deutschen Nationalbibliographie; detaillierte bibliographische Daten sind im Internet über http://dnb.ddb.de abrufbar.

Vorwort

Am 21. Februar 2004 ist Jürgen Roloff nach schwerer Krankheit in Nürnberg verstorben. Am 25. Februar wurde er auf dem Altstädter Friedhof in Erlangen beerdigt.
Roloffs letztes großes Veröffentlichungsprojekt war der Kommentar zum Matthäusevangelium, den er für Meyers Kritisch-Exegetischen Kommentar über das Neue Testament zugesagt hatte. Immer wieder hatte sich Roloff in seinen Vorlesungen und Seminaren mit Matthäus beschäftigt. Die Kommentierung seines Lieblingsevangeliums war ein lang gehegter Wunsch. Und obwohl Roloff einerseits großen Respekt vor dem Werk und den zahlreichen bereits vorliegenden Auslegungen verspürte, so hatte er andererseits auch das Gefühl, Wichtiges und Neues zur Auslegung dieses großen Buches beitragen zu können. Unmittelbar nach seiner Emeritierung wollte er sich dieser Herausforderung stellen, war jedoch zunächst mit vielerlei anderen Verpflichtungen beschäftigt. Besonderes Gewicht hatte dabei der Vorsitz in der EKD-Kommision „Kirche und Israel".
Als Roloff Zeit fand, die Arbeit an Matthäus voranzutreiben, fiel ihm die Konzentration bereits schwer – bis sich dann im Hochsommer 2002 die Krankheit unübersehbar bemerkbar machte.
Roloff hatte die Auslegung des Matthäusevangeliums begonnen, indem er zunächst die fünf großen Reden kommentierte. Und so finden sich in Roloffs Nachlass Fragmente seines Kommentars etwa zur Bergpredigt und zur Endzeitrede. Der einzige Abschnitt des Matthäusevangeliums aber, den Roloff vollständig bearbeitet hatte, ist das 13. Kapitel, also die große Gleichnisrede Jesu.
Roloffs Kommentar zur Gleichnisrede des Matthäus wird hier separat zugänglich gemacht – einerseits, um Roloffs Auslegung des Neuen Testaments noch einmal exemplarisch vorzuführen, zum anderen, um dem verstorbenen Exegeten einen literarischen Gedenkstein zu setzen.
Auf alle über notwendige Korrekturen hinausgehende Bearbeitung, Einleitung etc. haben wir aus Respekt bewußt verzichtet.

Nürnberg, im Sommer 2005
Helmut Kreller / Rainer Oechslen

Inhalt

A) Einleitung

I. Stellung im Kontext des Evangeliums

In noch stärkerem Maße als die sonstigen Reden des Matthäusevangeliums ist die Gleichnisrede[1] in den erzählenden Duktus des Evangeliums hinein verwoben.

---

[1] *Literatur zur Gleichnisexegese und zur Gleichnisrede*: BURCHARD, CH., Senfkorn, Sauerteig, Schatz und Perle in Matthäus 13, in: ders., Studien zur Theologie, Sprache und Umwelt des NT, hrsg. D. Sänger, Tübingen 1998 (WUNT 107) 77-107; CROSSAN, J. D., The Seed Parables of Jesus, JBL 92 (1973) 244-266; DAHL, N. A ., The Parables of Growth, StTh 5 (1952) 132-166; DENIS, A. M., De parabels over het koninkrijk (Mt 13), TThl (1961) 274-288; DUPONT, J., Le point de vue de Matthieu dans le chapître des paraboles, in: Didier 221-259; FRIEDRICH, J., Wortstatistik als Methode am Beispiel der Frage einer Sonderquelle im Matthäusevangelium, ZNW 76 (1985) 29-46; GEMÜNDEN, P. V., Vegetationsmetaphorik im Neuen Testament und seiner Umwelt. Eine Bildfelduntersuchung, Freiburg (Schweiz)/Göttingen 1993 (NTOA 18); GERHARDSSON, B., The Seven Parables in Matthew XIII, NTS 19 (1972/73) 16-37, JEREMIAS, J., Die Gleichnisse Jesu, Göttingen [7]1965; KÄHLER, CH., Jesu Gleichnisse als Poesie und Therapie, 1995 (WUNT 78); KINGSBURY, J. D., The Parables of Jesus in Matthew 13, London 1969; KLAUCK, H.-J.,Allegorie und Allegorese in synoptischen Gleichnistexten, Münster 1978 (NTA 13); PLESSIS, J. G. DU, Pragmatic Meaning in Matthew 13,1-23, Neot 21 (1987) 344-372; ROLOFF, J., Neues Testament, Neukirchen-Vluyn [7]1999 (Neukirchener Arbeitsbücher) 126-149; SCHMELLER, TH., Das Reich Gottes im Gleichnis. Eine Überprüfung neuerer Deutungen der Gleichnisrede und der Reich-Gottes-Verkündigung Jesu, ThLZ 119 (1994) 599-608; SCHWEIZER, E., Zur Sondertradition der Gleichnisse bei Matthäus, in: ders., Matthäus und seine Gemeinde, Stuttgart 1974, 98-105; SEGBROECK, F. VAN, Le scandale de l'incroyance. La signification de Mt 13,35, EthL 41

Sie steht nicht nur formal im Zentrum des Hauptteils 12,1-16,20, dessen Episoden das Verhalten von Jüngern und Gegnern Jesu Jünger in seiner Gegensätzlichkeit narrativ veranschaulichen. Indem sie vor Augen führt, wie die Scheidung zwischen den Jüngern und der Mehrheit des Volkes durch die Verkündigung Jesu selbst ausgelöst wird, erweist sie sich vielmehr als die diesen Teil thematisch bestimmende Mitte. Diese von Matthäus beabsichtigte Einbindung in den erzählenden Duktus kommt zunächst formal darin zum Ausdruck, dass sie nicht als in sich geschlossener Redeblock gestaltet ist. Sie zerfällt in vier Redegänge (V.3-9; 11-23; 24-32; 33-50), deren Adressaten teils das Volk, teils die Jünger sind, und die teilweise durch wechselnde Situationsangaben voneinander abgesetzt sind. „Diese Rede ist also in ganz besonderer Weise selbst eine Erzählung“[2]. Darüber hinaus ist die enge thematische Verklammerung mit der ihr unmittelbar vorausgehenden Erzählszene von den „wahren Verwandten“ Jesu (11,46-50) unübersehbar. Diese soll, indem sie die sich vollziehende Trennung zwischen den „Brüdern und Schwestern Jesu“, die den Willen seines himmlischen Vaters tun, und den übrigen Gliedern des Volkes auf den Punkt bringt, das Vorzeichen für das Folgende setzen und eine Leseanleitung für die Rede liefern.

Die Rede ist so zwar Teil der Erzählung, sie markiert jedoch keineswegs einen dramatischen Wendepunkt in deren Verlauf[3]. Eher hat sie die Bedeutung einer Reflexionsphase

---

(1965) 344-372; SELLIN, G., Allegorie und „Gleichnis“, ZThK 75 (1978) 33-56; VORSTER, W., The Structure of Matthew 13, Neot 11 (1977) 130-138; WEDER, H., Die Gleichnisse Jesu als Metaphern, Göttingen [3]1984 (FRLANT 120); WENHAM, D., The Parables of Jesus: Pictures of Revolution, London 1989; WENHAM, D., The Structure of Matthew XIII, NTS 25 (1978/79) 516-522; WILKENS, W., Die Redaktion des Gleichniskapitels Mark. 4 durch Matth., ThZ 20 (1964) 305-327.

[2] LUZ II 291.

[3] LUOMANEN 125; LUZ, Mt II 292: Gegen KINGSBURY (1969), der die Rede als unmittelbare Reaktion Jesu auf die Ablehnung seines messianischen Anspruchs und seiner Botschaft und als Bekundung seiner

innerhalb der Erzählung, die Sinn und Tragweite der bisher erreichten dramatischen Entwicklung ausdeutet und den Leser/innen die Möglichkeit zur Bestimmung ihres eigenen Standortes eröffnet.

II. Die Quellen und ihre Verarbeitung

Auf den ersten Blick stellt sich die Rede als ein höchst komplexes, schwer überschaubares Gefüge dar. Am ehesten lassen sich Aufbau und Gliederung erklären, wenn man als eine der leitenden Intentionen des Matthäus die möglichst weitgehende Inkorporierung der markinischen Gleichnisrede Mk 4,1-34 in ihren Duktus in Rechnung stellt. Mit V.1 setzt sich die Markus-Akoluthie von Kp. 12 fort, um – mit einigen Brechungen – bis V.23 zu reichen. Aus Markus direkt und mit nur minimalen Veränderungen übernommen sind neben der See-Kulisse als rahmender Ortsangabe (V.1) das Gleichnis vom Sämann (V.1-9) samt seiner Deutung (V.18-23), sowie, stärker verändert, Jesu Begründung seines Redens in Parabeln mit dem Jesajazitat (V.10-17). Aber auch im Abschnitt V.24-35 ist noch ein indirekter Einfluss von Mk 4 spürbar. Matthäus lässt hier zwar das im Widerspruch zu seiner Theologie stehende Gleichnis von der selbstwachsenden Saat (Mk 4,26-29) weg, um es durch das Gleichnis vom Unkraut unter dem Weizen (V.24-30) zu ersetzen, das für alles Folgende zentrale Bedeutung gewinnen soll. Aber kaum von ungefähr sind Wortlaut und Duktus des Anfangs des neuen Gleichnisses (V.24) dem, das es verdrängt hat (Mk 4,26), fast zum Verwechseln ähnlich. Nimmt Matthäus damit auf mit dem Markusevangelium vertraute Leserinnen und Leser Rücksicht? Auch das folgende Gleichnis vom Senfkorn

---

Absicht, sich von nun an nur noch seinen Jüngern zuzuwenden, versteht. Aber damit ist übersehen, dass solche Reaktion an dieser Stelle keineswegs neu ist, sondern bereits in den Gerichtsaussagen von 12,22-45 vorlag und damit zur durchgehenden Thematik des ganzen Hauptteils gehört. Überdies ist mit der Rede die werbende Zuwendung Jesu zu Israel ja keineswegs an ihr Ende gekommen.

(V.31f) steht bei Markus. Matthäus hat es freilich nicht von dort, sondern aus Q (13,18f) übernommen und es mittels des folgenden, ebenfalls aus Q stammenden Gleichnisses vom Sauerteig (V.33f; Q 13,20f) zum Doppelgleichnis erweitert. In V.34f wird schließlich noch auf den markinischen Redeschluss (Mk 4,33f) Bezug genommen.

Erst der Redeteil V.36-52 ist von markinischen Einflüssen frei. Matthäus nimmt hier zwar weithin vorgegebenes Traditionsmaterial auf, doch enthielt dieses keine Vorgaben für die Gestaltung des Abschnitts. Er lässt sich, wie es den Anschein hat, bei ihr ganz von seinen eigenen Intentionen leiten. Der Redeteil, der vier weitere Gleichnisse enthält, setzt nicht mit diesen, sondern mit der Ausdeutung des Unkrautgleichnisses (V.36-43) ein. Diese ist ganz das Werk des Matthäus. Nicht nur durch ihre Anfangsstellung, sondern auch durch ihren Umfang – sie ist das längste Stück innerhalb der Rede – wird ihr inhaltliches Gewicht unterstrichen. Die beiden folgenden kleinen Gleichnisse – vom Schatz (V.44) und der Perle (V.45f) – dürften, ähnlich wie das Unkrautgleichnis selbst, mündlicher Tradition entstammen. Sie stehen jedoch in keinem unmittelbar augenfälligen inhaltlichen Bezug zu diesem. Matthäus mag sie an dieser Stelle vor allem deshalb untergebracht haben, weil sie als weitere Beispiele für das Reden Jesu in Gleichnissen geeignet waren. Deutlich anders verhält es sich mit dem Gleichnis vom Fischnetz (V.47f). Es weist nämlich einen deutlichen thematischen Rückbezug auf das Unkrautgleichnis auf und enthält überdies ebenfalls eine Deutung (V.49-50), die nachgerade als eine Replik der Deutung des Unkrautgleichnisses gelten kann. Beides, das Fischnetzgleichnis selbst und seine Deutung, dürften von Matthäus formuliert sein.

Strittig unter den Auslegern ist nach wie vor, ob der Redeschluss (V.52) mit seinem Hinweis auf den „in der Himmelsherrschaft unterwiesenen“ Schriftgelehrten ein weiteres, letztes Gleichnis enthält. Allein, weder formale noch inhaltliche Gründe stehen dem entgegen. Als hauptsächliches Gegenargument muss der Hinweis auf das Gewicht der Zahl „sieben“ als Symbol der gottgewirkten Vollkommenheit herhalten: Nimmt man V.52 als Gleichnis, so enthält die Rede nicht sieben sondern acht Gleichnisse! Aber hier solche Zahlensymbolik zu postulieren, fehlt jeder Grund, zumal Matthäus nicht den geringsten Hinweis auf deren Vorhandensein und Bedeutung gibt.

III. Gliederung

Man tut gut daran, beim Versuch, die Gliederung der Rede aufzuweisen, von der Einsicht auszugehen, dass der systematisierenden Tendenz des Matthäus durch die Markus-Vorlage außerordentlich enge Grenzen gesetzt waren. Gliederungsversuche, die das unberücksichtigt lassen, um sich stattdessen von Zahl und Verteilung der vorkommenden Gleichnisse und/oder leiten zu lassen, sind denn auch wenig überzeugend ausgefallen.
So wollte BIRGER GERHARDSSON, ausgehend von der 7-Zahl der Gleichnisse[4], deren erstes, das Sämannsgleichnis, als den zentralen Bezugspunkt alles Folgenden sehen. Die weiteren 6 Gleichnisse seien Erklärungen des Sämannsgleichnisses, besonders der in ihm erwähnten vier Arten von Menschen: so erkläre das Unkrautgleichnis die auf den Weg gefallene Saat, die beiden Gleichnisse vom Senfkorn und Sauerteig deuteten das auf die Steine Gefallene, die Gleichnisse vom Schatz und der Perle das unter die Dornen Gefallene, während das abschließende Fischnetzgleichnis den gute Frucht bringenden Samen veranschauliche. Richtig hieran ist sicher, dass im Sinn des Matthäus einige solche Querbezüge bestehen, so vor allem hinsichtlich der Aussaat- und Wachstums-Thematik, die sich wie ein roter Faden durch das Ganze zieht. Aber insgesamt handelt es sich doch um eine gewaltsame Überdeutung.
DAVID WENHAM, der V.52 als Gleichnis auffasst und damit auf 8 Gleichnisse kommt, findet in der Rede eine chiastische Grundstruktur. Sie gliedert sich auf in zwei Hälften,

---

[4] GERHARDSSON* 16-37.

deren jeweils 4 Gleichnisse spiegelbildlich aufeinander bezogen sind (V.3-9 auf V.52; V.10-23 auf V.51; V.24-30 auf V.47-50; V.31-33 auf V.44-46) und so ein kompliziertes System von Inklusionen bilden, in dessen Mitte der Abschnitt V.34-43 steht. Dabei ist sicherlich manches richtig gesehen, vor allem der inhaltliche Zusammenhang zwischen V.47-50 (Fischnetzgleichnis) und V.24-30 (Unkrautgleichnis) und die formale Parallelität der beiden Gleichnispaare V.31-33 (Senfkorn und Sauerteig) und V.44-46 (Schatz und Perle). Aber die Unzuträglichkeiten überwiegen. So finden die drei Gleichnisdeutungen V.18-23; V.36-43; V.49f in diesem Schema schwerlich die ihrem Gewicht zukommende Stellung. Vor allem aber wird die Bedeutung des tiefen Einschnitts zwischen V.35 und 36 für die Struktur der Rede ignoriert.

Vor allem der zuletzt genannte Einwand ist auch gegen den Gliederungsversuch von DAVIES/ALLISON geltend zu machen, der eine dreigliedrige Struktur der Rede voraussetzt: (1) der Sämann (V.1-23); (2) das Unkraut (V.24-43), und (3) der Schatz (V.44-52). Auch hier wird der Einschnitt vor V.36 übergangen zugunsten der Betonung der Zusammengehörigkeit des Unkrautgleichnisses mit seiner Deutung. Umso inkonsequenter erscheint von da her die Einebnung des Fischnetzgleichnisses samt seiner Deutung (V.47-50) in einen dritten Redeteil, dessen Bestimmung durch das zweimalige Erscheinen des Begriffs „Schatz" (V.44 und 51) rein formal bleibt.

Ausgangspunkt jedes Gliederungsversuches sollte die Feststellung sein, dass zwischen V. 35 und V. 36 der entscheidende Einschnitt in der Rede liegt[5]. Dies hat bereits ERNST LOHMEYER gezeigt[6] und unser Blick auf Quellen und Komposition hat es bestätigt. V.37-52, der selbständig von Matthäus gestaltete Teil, ist ausschließlich Jüngerrede. Vorher, in V.1-52, kommt es zu einem zweifachen Wech-

---

[5] LUOMANEN 124f.

[6] LOHMEYER, Mt 190; ähnlich auch KINGSBURY (1969); GNILKA, Mt I 474; LUZ, Mt II; HAGNER, Mt I 364.

sel zwischen Volksrede (V.1-8; V.24-33) und Jüngerrede (V.9-23), der umso irritierender wirkt, als der zweite Übergang zwischen beidem (V.24) nicht deutlich gekennzeichnet ist. Er ist das Haupthindernis, das einer glatten, symmetrischen Gliederung im Weg steht. Trotzdem ergibt sich aus der Übergangsbemerkung V.34f, dass nach der Intention des Matthäus die Gleichnislehre Jesu für das Volk das zentrale Thema des hier endenden Hauptteils ist. Und zwar will er des näheren herausstellen, dass und warum das Volk Jesu Rede in Gleichnissen nicht versteht (V.13.34). Ist hier also das Nicht-Verstehen-Können des Volkes das leitende Thema, so handelt der zweite Teil, wie dessen Abschluss (V.51f) deutlich macht, vom Verstehen-Können der Jünger, dessen Voraussetzungen und Konsequenzen. Zwar ist auch im an die Jünger gerichteten Abschnitt des ersten Redeteils vom „Sehen“ und „Hören“, das sie vom Volk unterscheidet, die Rede (V.16f), doch bleibt dieses Thema hier nur angedeutet. Zentral geht es in dieser Jüngeranrede vielmehr um das Volk und sein Nicht-Verstehen. Das gilt auch und gerade für die Deutung des Aussaat-Gleichnisses (V.18-23). Matthäus bezieht sie konsequent auf diese Problematik des Nicht-Verstehens des Volkes durch seine Neuformulierung von V.19: παντὸς ἀκοῦοντος τὸν λόγον τῆς βασιλεῖας καὶ μη συνιέντος. Nicht um die Aufforderung zur je eigenen Ortsbestimmung gegenüber der Heilsbotschaft geht es hier, sondern um die Information der Jünger darüber, dass von vornherein mit einem Nicht-Verstehen dieser Botschaft bei Vielen ihrer Hörer – und das heißt doch wohl: bei der Mehrzahl des Volkes – zu rechnen sein wird.

Auf Grund der genannten Gesichtspunkte legt sich folgende Gliederung der Rede nahe:

I. Die Gleichnisse und das Nicht-Verstehen des Volkes (13,1-35)

1. Gleichnis von der Aussaat (13,1-9)
2. Jüngerbelehrung über den Zweck der Gleichnisse (13,10-17)
3. Deutung des Gleichnisses von der Aussaat (13,18-23)
4. Gleichnis vom Unkraut (13,24-30)
5. Gleichnispaar vom Senfkorn und vom Sauerteig (13,31-33)
6. Summarische Bemerkung: Das Reden Jesu zum Volk in Gleichnissen (13,24-35).

II. Die Gleichnisse und das Verstehen der Jünger (13,36-52)

1. Deutung des Gleichnisses vom Unkraut (13,36-43)
2. Gleichnispaar vom Schatz und der Perle (13,44-46)
3. Gleichnis vom Fischnetz (13,47-48)
4. Deutung des Gleichnisses vom Fischnetz (13,49-50)
5. Schlussgleichnis: Vom Verstehen der Jünger und seinen Folgen (13,51-52).

B) Auslegung

I. Die Gleichnisse und das Nicht-Verstehen des Volkes (13,1-35)

1. Auslegung von 13,1-9: Das Gleichnis von der Aussaat

13,1 **An jenem Tag ging Jesus aus dem Haus hinaus und setzte sich am Meer nieder.**
2 **Und viele Volksscharen strömten bei ihm zusammen, so dass er in ein Boot stieg, um sich zu setzen. Und das ganze Volk stand am Ufer.**
3a **Und er redete zu ihnen vieles in Gleichnissen und sprach:**

> 3b **„Siehe! Es ging ein Sämann aus zu säen.**
> 4 **Und während er säte, fiel das eine auf den Weg, und es kamen die Vögel und fraßen es.**
> 5 **Anderes aber fiel auf den Felsboden, wo es nicht viel Erde hatte, und sogleich sprosste es auf, weil es keine tiefe Erde hatte.**
> 6 **Als aber die Sonne aufging, wurde es welk, und weil es keine Wurzel hatte, verdorrte es.**
> 7 **Anderes aber fiel unter die Dornen, und die Dornen gingen auf und erstickten es.**
> 8 **Anderes aber fiel auf guten Boden und brachte Frucht, das eine hundertfach, das andere sechzigfach, (wieder) anderes dreißigfach.**
> 9 **Wer Ohren hat, höre!“**

Matthäus schließt sich in diesem Abschnitt eng an seine Vorlage Mk 4,1-9 an. Deren Wortlaut wird von ihm weitgehend übernommen. Umso beachtlicher sind die wenigen,

gezielten Veränderungen, durch die er ihn seiner übergreifenden Konzeption anpasst. So stellt die Übergangswendung „an jenem Tag“ (V.1) eine unmittelbare Verknüpfung mit 12,46-50 her. Höchst auffällig ist, dass er es vermeidet, von einem „Lehren“ Jesu zu reden: So schon in V.1, wo an die Stelle des expliziten Hinweises auf die Lehrabsicht Jesu (Mk 4,1) das mehrdeutige Sich-Setzen Jesu tritt, vor allem aber in V.2, wo er ἐδίδασκεν αὐτοὺς durch ἐλάλησεν αὐτοῖς ersetzt und διδαχὴ ersatzlos streicht. Gezielt umgekehrt hat er die Ertragsschilderung am Gleichnisschluss (V.8). Sie nicht aufsteigend, sondern absteigend: hundert, sechzig, dreißig. Damit wird die Möglichkeit, in der Schilderung des sich schließlich doch noch eintretenden Erfolges die Pointe des Gleichnisses zu finden, ausgeschlossen. Vielleicht darf man auch hinter der Einführung der Wendung ὄχλοι πολλοί gezielte schriftstellerische Absicht vermuten – nämlich die der assoziativen Rückerinnerung an die Situation der Bergpredigt (4,25).
Ein eindrucksvolles szenisches Tableau wird zunächst entfaltet, dessen Wirkung sich der Leser nicht entziehen kann: Plötzlich sieht sich Jesus am Ufer des galiläischen „Meeres“ von einer gewaltigen Volksmenge umdrängt, die in ihm den Lehrer sucht. Er besteigt ein Boot, das nun gleichsam zur Kanzel wird, indem er von ihm aus zu den sich am Strand dicht bei dicht drängenden Menschen redet. Die durch diese Szenerie geweckte Erwartung, dass die nun beginnende dritte Rede des Evangeliums sich wie dessen erste, die Bergpredigt, uneingeschränkt an Volk und Jünger wenden werde (vgl. 5,11), wird freilich durch den erzählerischen Fortgang sehr schnell widerlegt. Das Szenario von V.1f erweist sich als eher beiläufige Momentaufnahme, die im folgenden Erzählungsablauf nicht nur unberücksichtigt bleibt, sondern ihm sogar im Wege steht. So bleiben die Jünger in V.1f zunächst unerwähnt. Sind sie mit Jesus in das Boot gestiegen? Falls ja – vollzieht sich die Jüngerbelehrung von V.10-23 noch im Boot? Dann wäre die neuerliche Hinwendung Jesu zum Volk in V.24-35 als Fortsetzung der Rede vom Boot aus vorzustellen. Falls nein – wie

kommt dann Jesus plötzlich aus dem Boot zu ihnen? Aber solche Fragen sind müßig, denn Matthäus hat sie sich schwerlich gestellt. So scheint denn auch spätestens in V.36, wo nur vom Verlassen des Volkes und vom Eintritt in das „Haus“ die Rede ist das anfängliche See-Szenario völlig vergessen zu sein. Weder in Teil B der Rede, noch in der folgenden szenischen Übergangsbemerkung (V.53) spielt es noch eine Rolle. Daraus lässt sich folgern: V.1f ist keineswegs – etwa in Analogie zu 4,24-5,1 – als erzählerischer Rahmen für die gesamte Rede zu verstehen, sondern lediglich als erzählerische Einleitung zum Aussaatgleichnis V.3-9. Und zwar kommt hier noch einmal – wie schon in 4,24-5,1 – das Verhältnis zum Volk in seiner Gesamtheit in den Blick. Aber zugleich macht Matthäus durch die Weise seines Erzählens deutlich, dass dieses Verhältnis nunmehr anders ist als es zu Beginn des Wirkens Jesu war: Volk und Jünger sind auseinandergetreten. Das Volk ist nicht mehr eine Schar potentieller Jünger, denn ihm fehlt jene grundlegende Voraussetzung für das Verstehen der Lehre Jesu, welche den Jüngern eignet, nämlich die Nachfolge[7]. Damit setzt Matthäus zugleich ein unmissverständliches Vorzeichen für sein Verständnis des Aussaatgleichnisses.

Das Gleichnis selbst ist klar gegliedert. Es setzt ein mit einer übergreifenden Handlungsangabe: Es geht um einen Sämann und dessen Tun (V.3). Ihr folgen vier parataktisch angeordnete, durch μέν und δέ gegliederte Sätze (V.4-8), die in vier knappen Szenen dieses Tun mitsamt seinen unterschiedlichen Folgen schildern. In den ersten drei dieser Szenen führt die Aussaat zum Misserfolg, das Säen bleibt ohne Ertrag. Erst die abschließende vierte Szene berichtet von einem – freilich relativ begrenzten – Ertrag.

Die Schwierigkeit der Auslegung spiegelt sich in dem Umstand, dass sich unter den Auslegern bis heute keine einheitliche Bezeichnung durchsetzen konnte. Handelt das

---

[7] MEISER, M., Die Reaktion des Volkes auf Jesus. Eine redaktionskritische Untersuchung zu den synoptischen Evangelien, Berlin/New York 1998 (BZNW 96), 244f.

Gleichnis „vom Sämann“, „vom viererlei Acker“ oder „von der Aussaat“? Für die Entscheidung für eine dieser Bezeichnungen wird es sicher eine gewisse Rolle spielen, wo sie ihren Ausgangspunkt nimmt: beim vermuteten Ursprungssinn des – mit großer Wahrscheinlichkeit authentischen – Gleichnisses im Munde Jesu, bei seiner vorliegenden sprachlichen Gestalt oder bei dem Kontext, in den Matthäus es gestellt hat. Dabei ist nun allerdings angesichts des komplexen exegetischen Befundes vor einem schroffen Entweder-Oder zu warnen. Was den Ursprungssinn anlangt, so hat sich in der neueren Gleichnisforschung ein gewisser (freilich nicht ganz unwidersprochener) Konsens darüber durchgesetzt, dass es sich um ein Kontrastgleichnis handelte, in dem Jesus angesichts der scheinbaren Erfolglosigkeit seiner Verkündigung in der Gegenwart auf deren in der Zukunft zu erwartendenden gewaltigen Ertrag verwies[8]. Damit war, wenn nicht schon für Jesus selbst, so doch zumindest für die älteste Gemeinde ein implizit christologisches Verständnis des Gleichnisses ermöglicht: Man las es als Beschreibung des Wirkens Jesu als des Sämanns und sah im abschließenden Erfolg die Zweifel an seiner Sendung widerlegt. Zumindest in der Matthäus-Version scheint sich das Gleichnis solcher christologischer Interpretation zu widersetzen – wenigstens auf den ersten Blick. Gleich die Themaangabe (V.3b) legt den Schwerpunkt nicht auf die Person des Sämanns, sondern auf sein Tun, wie schon die Vorordnung des Verbs ἐξῆλθεν vor das Subjekt ὁ σπείρων nahe legt. Nur dieses Tun und dessen Folgen werden denn auch im Folgenden beschrieben. Vom Sämann selbst, seinen Absichten, Reaktionen und Empfindungen ist hingegen mit keinem Wort die Rede. Von da her dürfte sich denn auch die von uns gewählte Bezeichnung „Gleichnis von der Aussaat“ als sachgemäß erweisen. Dies gilt trotz der scheinbaren Breite, in der die folgende

---

[8] vgl. JEREMIAS 150: „*Allem Mißerfolg und Widerstand zum Trotz* läßt Gott aus den hoffnungslosen Anfängen das herrliche Ende, das Er verheißen hat, hervorgehen.“

Gleichnisdeutung (V.18-23) die vier unterschiedlichen Ackerarten, auf die die Aussaat fällt, beschreibt. Sprachliches und logisches Subjekt ist nämlich auch hier das Ausgesäte, das auf die verschiedenen Böden fällt.
Trotzdem kann die Bezeichnung „Gleichnis von der Aussaat", so viel Richtiges sie trifft, schwerlich absolut gesetzt werden. Berücksichtigt man nämlich darüber den gesamten Kontext der Gleichnisrede, so verschiebt sich die Perspektive. Es fällt dann nämlich eine gewisse gemeinsame Ausrichtung im Bildmaterial der Gleichnisse in Kp. 13 auf. So geht es nicht nur in den beiden großen, mit Deutungen versehenen Gleichnissen (Aussaat und Unkraut), sondern auch im Senfkorngleichnis um Vorgänge, bei denen Aussaat und Ernte bzw. Ertrag einander gegenüberstehen. Vor allem aber wird in allen drei genannten Gleichnissen sowie in den beiden Gleichnisdeutungen die Person des Säenden ausdrücklich erwähnt: zunächst als Sämann (V.3 und V.19), sodann als „ein Mensch" (V.24 und 31), und zuletzt wird der „Mensch" aus V.24 in der Deutung des Unkrautgleichnisses in einer so eindeutigen Weise identifiziert, dass dadurch auch auf das Vorhergegangene neues Licht fällt: „Der den guten Samen sät, ist der Menschensohn" (V.37). Matthäus dürfte also bereits beim Sämann von V.3 an Jesus gedacht haben. Der Umstand, dass er auf eine christologische Ausdeutung von dessen Tun zunächst verzichtet hat, widerlegt diese Vermutung nicht. Matthäus verließ sich darauf, dass die Gleichnisse innerhalb der Rede sich kraft ihrer motivlichen Kohärenz gegenseitig interpretieren würden, und er gestaltete vor allem V.24-30 als übergreifenden Deutungsschlüssel.

V.1f: „An jenem Tag" – am selben Tag also wie die vorhergegangene Szene (12,46-50) – spielt sich das Folgende ab. Diese zeitliche Verknüpfung, wie auch die Erwähnung des Hauses, aus dem Jesus hinausgeht – gemeint ist das Haus, in dem er mit seinen Jüngeren zusammengewesen war – sollen einen unmittelbaren sachlichen Zusammenhang signalisieren. Dass dieses Haus in Kafarnaum zu su-

chen ist, jenem Ort am Nordostende des Sees Gennesaret also, den Jesus als Zentrum seines galiläischen Wirkens erwählt hatte, setzt Matthäus auf Grund von 4,12-17 als den Lesern bekannt voraus, ebenso auch die volkstümliche Bezeichnung des Sees als „Meer". Weder begibt sich Jesus an den See, weil er dort die Einsamkeit für Gebet und Meditation sucht, noch bedeutet das Hinzudrängen der Volksmenge eine unvermutete Störung. Vielmehr erweist er selbst sich als Auslöser und Herr des folgenden Geschehens. Indem er sich setzt, nimmt er die übliche Position des Lehrers ein und bringt damit seine Erwartung auf eine Zuhörerschaft zum Ausdruck[9]. Überraschend ist allenfalls deren Größe: ὄχλοι πολλοί (vgl. 4,25; 15,30; 19,2) drängen heran, so dass Jesus sich zum Positionswechsel in ein Boot genötigt sieht.
V.3: Von dort aus redet er zu der sich am Ufer drängenden Menge. Obwohl er dies sitzend – in der Haltung des Lehrers also – tut, ist das, was die Menschen zu hören bekommen, weder ein διδάσκειν, noch ein κηρύσσειν, es wird vielmehr mit dem betont neutralen Verb λαλεῖν umschrieben[10]. Und zwar wird dieses Reden näher bestimmt als ein Reden „in Gleichnissen". Was ist damit gemeint? Der Blick auf die allgemeine Bedeutung des Wortes παραβολή in biblischer Sprache hilft nur wenig weiter. Wie sein hebräisches Äquivalent משל umfasst es eine weite Bedeutungsskala. Es bezeichnet übergreifend bildliche Rede im weitesten Sinn, vom einfachen Vergleich über das Sprichwort und Weisheitswort bis hin zur ausgeführten Gleichniser-

---

[9] Schön charakterisiert LOHMEYER, Mt 192 die Situation: „Er lehrt nicht, weil sich Hörer finden; sondern das Volk sammelt sich, weil Er lehrt."

[10] Das Verb wird von Matthäus sonst nur noch in 9,18; 12,46; 14,27; 23,1; 26,47 auf das Reden Jesu angewendet. Von den matthäischen Redekompositionen wird lediglich noch die Weherede mit dem Verb eingeleitet.

zählung, Beispielerzählung und Allegorie[11]. Für Matthäus, bei dem es hier erstmals erscheint und der es in der Gleichnisrede insgesamt elfmal verwendet, hat es eine spezifische Bedeutung, die sich aus dem Kontext unschwer erschließen lässt[12]. Er versteht unter Parabel speziell eine bildhafte Redeweise, zu deren Verständnis es seitens der Hörer besonderer Voraussetzungen bedarf[13]. Es ist – anders gesagt – eine Rede, deren Metaphorik nur unter der Voraussetzung die von ihr gemeinte Sache ins Licht zu setzen vermag, dass die Hörer bereits Zugang zu dieser Sache haben. Die Parabelrede ist für das Volk unverständliche Rede. Dies nicht etwa darum, weil es Intention des matthäischen Jesus wäre, ihren Sinn zu verhüllen, sondern weil die Hörer sich bereits vorgängig der von ihr gemeinten Sache, nämlich der Herrschaft Gottes, verschlossen haben.

Das die Gleichniserzählung einleitende ἰδοὺ reklamiert die Aufmerksamkeit der Hörenden bzw. Lesenden für einen mehrstufigen, in vier Szenen ablaufenden Vorgang, der in distanzierter Objektivität entfaltet wird. Hinweise auf die den Sämann bei seinem Tun leitenden Absichten und Erwartungen fehlen ebenso wie solche auf das Urteil des Erzählers. Es ist, als sei die Natur im Weiteren ganz sich selbst überlassen und als geschehe nun alles in seiner naturgesetzten Ordnung. Hörende und Lesende sollen sich selbst ein Urteil bilden!

Dieses Urteil kann im Blick auf die ersten drei Szenen (V.4-7) nur lauten: Ein dreifacher Misserfolg!

V.4 (Szene 1)**:** Der Same, der auf den Wegrand fällt, wird alsbald von den Vögeln weggepickt, kommt also erst gar nicht bis zum Keimen.

---

[11] SIDER, J.W., The Meaning of *Parabole* in the Usage of the Synoptic Evangelists, Bib 62 (1981) 453-470; HAUFE, G., EWNT III 35-38.

[12] Auch die weiteren Vorkommen (15,15; 21,33.43; 22,1; 24,32) setzen diese Bedeutung voraus (s. dort).

[13] Ähnlich KINGSBURY (1969) 31: „Enigmatic form of speech directed primarily at outsiders."

V.5f (Szene 2)**:** Wenig besser ergeht es dem Samen, der auf einen nur knapp von einer dünnen Humusschicht bedeckten Felsboden gerät. Er keimt zwar, aber weil die dünnen Wurzeln nicht genügend Feuchtigkeit finden, verdorren die kleinen Pflänzchen rasch in der Sonnenglut.
V.7 (Szene 3)**:** Ein weiterer Teil des Samens fällt unter die Dornen – also wohl in einen Bereich, wo unsichtbar im Boden noch kräftige Unkrautwurzeln vorhanden sind. Als aus diesen neues Unkraut sprießt, nimmt es den weniger widerstandsfähigen Getreidepflanzen den Lebensraum, so dass sie umkommen.
V.8 (Szene 4)**:** Erst jetzt kommt es zum lang erwarteten Erfolg. Allerdings wird auch er – im Unterschied zur Markus-Parallele (Mk 4,8f) – recht nüchtern und fern von jedem Überschwang beschrieben: Immerhin ist ein Teil der Saat auf gutes Land gefallen, geht auf und bringt Frucht. Aber der Ertrag ist differenziert, wie die Erfolgsmeldung zeigt, die – nicht anders als die Misserfolgsmeldung – dreigeteilt ist. Neben Ähren, die 100 neue Körner enthalten, stehen solche mit 60 und wieder andere mit 30 neuen Körnern. Ein höchst realistisch dargestellter Ertrag also! Anders als Markus, der den anfänglichen Misserfolg mit einem abschließenden überwältigenden Erfolg kontrastiert, ebnet Matthäus den Kontrastcharakter des Gleichnisses ein. Er tut das bewusst, um das Gleichnis kohärent mit der folgenden Deutung zu machen. Die Bildhälfte zeichnet in seiner Sicht einen normalen, quasi natürlichen Vorgang nach: Wer Samen aussät, muss mit einer erheblichen Ausfallquote und mit einem begrenzten Ertrag rechnen. Das gilt auch für den geheimnisvollen Sämann des Gleichnisses. Sache der Hörer und Leser wäre es, daraus Folgerungen hinsichtlich der Wirkung der Verkündigung Jesu zu ziehen.
V.9: Genau das bringt der abschließende Weckruf zum Ausdruck.

Auf Inhalt und Pointe der Urform des Gleichnisses ist hier nur in soweit einzugehen, als das für die Erfassung des spezifischen Profils der matthäischen Deutung erforderlich ist. Schildert seine Bildhälfte das normale Verhalten eines palästinischen Bauern, wie es den Hörern Jesu aus eigener Anschauung und Erfahrung bekannt war? Haben wir es also mit einem Gleichnis im engeren Sinn zu tun? Oder handelt es sich hier um eine Parabel, die Schilderung eines ungewöhnlichen, die Regeln normalen Verhaltens sprengenden Vorgangs? Viel durch landeskundliche Kenntnisse gestützter exegetischer Scharfsinn ist darauf verwendet worden, das Erste nachzuweisen. So betonte JOACHIM JEREMIAS, dass man in der Regel bei der Frühsaat den Samen auf den noch ungepflügten Acker gestreut habe. Der Sämann handle weder ungeschickt noch regelwidrig, denn der Weg, der über den Acker führt, und das Dornengestrüpp werden nachher mit untergepflügt, und der Felsgrund unter der dünnen Ackerkrume ist vor dem Pflügen nicht erkennbar[14]. Aber dem stehen nicht nur gewichtige Belege entgegen, nach denen im Normalfall vor *und* nach dem Säen gepflügt worden ist[15]. Auch erzählerische Strukturelemente sprechen für eine Parabel: so verweist der Aorist bei der Schilderung des Tuns des Sämanns (V.3) auf einen einmaligen, in der Vergangenheit liegenden Vorgang, und sowohl der breit ausgemalte Misserfolg wie auch der damit kontrastierende große Erfolg liegen jenseits des Bereichs normaler Erfahrung. Das gibt der Bildhälfte ihre provozierende Wirkung. Sie will Licht werfen auf die gemeinte Sache, nämlich auf die von Jesus vertretene Gottesherrschaft und damit deren Ungewöhnlichkeit erkennbar machen. Sie bietet den Hörern der Botschaft Jesu von der Gottesherrschaft eine ihre Situation grundlegend verändernde Einsicht an: Die Gottesherrschaft wird sich trotz aller sichtbaren Misserfolge in der Gegenwart bereits in naher Zukunft in überwältigender Weise durchsetzen.

---

[14] JEREMIAS 49, im Anschluss an DALMAN, Arbeit II 179-184, und unter Berufung auf Jub.

[15] KLAUCK 190, der im übrigen zu bedenken gibt: „Wir haben es mit einer Erzählung zu tun, die mit Typisierungen und perspektivischen Verkürzungen arbeitet, nicht mit einem Handbuch für palästinensische Agrartechnik.“

Matthäus bewahrt den Parabelcharakter insofern, als er dem geschilderten Vorgang seine Ungewöhnlichkeit ebenso belässt wie den ihn kennzeichnenden Kontrast zwischen Fehlschlag und Gelingen. Er mildert jedoch den Kontrast durch seine verkleinernde und differenzierende Schilderung des Erfolges. Er trägt damit der veränderten Situation Rechnung und bringt zugleich seine Ekklesiologie mit in das Bild. Der Erfolg der Aussaat besteht für ihn darin, dass es eine glaubende Gemeinschaft von Jüngern und Jüngerinnen Jesu gibt. Aber der entstandene Glaube ist noch unvollkommen, von unterschiedlicher Kraft und noch vielen Gefährdungen ausgesetzt. Deshalb besteht für ihn auch keine empirisch aufweisbare feste Grenze zwischen dem Bereich des Misserfolgs, in dem die Aussaat keine Frucht bringen konnte und jenem des Erfolgs, in dem die Aussaat Frucht brachte. Auch für Jünger und Jüngerinnen Jesu besteht die Gefahr des Ohne-Frucht-Bleibens. Davon handelt die folgende Deutung des Gleichnisses. In ihr vollzieht sich insofern ein Positionswechsel, als an die Stelle der übergreifenden Perspektive, die nach dem Geschick der Gottesherrschaft in der Welt fragt, eine individualisierende Sichtweise tritt, deren Thema die Stellung des je einzelnen Glaubenden zur Gottesherrschaft ist und deren Ausrichtung paränetisch ist.
Für Matthäus ist das keine Ersetzung, sondern eine notwendige Ergänzung. Ermöglicht wird sie ihm durch den Umstand, dass bereits die Bildhälfte des ursprünglichen Gleichnisses eine Reihe von Motiven enthielt, die sich in besonderer Weise als Ausgangspunkte für metaphorische Bildungen anboten[16]. Unter diesen Motiven ist in erster Linie die *Verbindung zwischen Aussaat und Ernte* zu nennen, mittels derer in jüdischer Literatur sowohl das Wirken des göttlichen Wortes (Jes 55,10f) als auch – unter Wendung ins Weisheitliche – der Tun-Folge-Zusammenhang im menschlichen Handeln veranschaulicht wird (Hos 10,12; Spr 22,8; Sir 7,3 u.ö; vgl. TestL 13,6). Belegt ist ferner der

---

[16] Zusammenstellung des Materials bei KLAUCK 192-196.

Vergleich des Menschen, bzw. seines Herzens, mit dem Ackerboden, auf dem verschiedenartiger Same gesät wird[17]. Wenn 4Esr ihn weiter konkretisiert, indem er den guten Samen mit dem Gesetz vergleicht, das Gott in die Herzen der Väter gesät hat[18], so klingt das nicht von Ungefähr an die in hellenistischer Philosophie geläufige Verbindung von Samen und Wort an[19]. Andererseits begegnet aber auch der Gedanke, dass die Menschen dem Samen gleich in die Welt gesät sind[20]. Das ursprüngliche Gleichnis enthielt also ein ungewöhnlich großes latentes metaphorisches Potenzial. So lag es nahe, dass bereits die vormarkinische Gleichnisdeutung es heranzog. Matthäus ist dann auf diesem Weg freilich noch ein erhebliches Stück weiter gegangen.

---

[17] So 4Esr 4,30-32: „Denn ein Korn des bösen Samens wurde am Anfang in das Herz Adams gesät. Doch wieviel Sündenfrucht hat es bisher hervorgebracht und wird es hervorbringen, bis die Ernte kommt. Erwäge nun selbst: Ein Korn des bösen Samens hat so viel Sündenfrucht hervorgebracht. Wenn nun zahllose Ähren des Guten ausgesät sein werden, welch große Ernte müssen die erbringen." (Übersetzung nach J. SCHREINER, JSHRZ V/4 320)

[18] 4Esr 9,31: „Denn seht, ich säe in euch mein Gesetz; es wird in euch Frucht bringen und ihr werdet dadurch Ruhm erwerben in Ewigkeit"; vgl. auch 4Esr 8,6.

[19] Platon, Phaedr 276b-277a; Plutarch Pyth Or 1 (394e); weitere Belege: SCHULZ, S., THWNT VII 537-547.

[20] So vor allem 4Esr 8,41: „Denn wie der Bauer viele Samen auf die Erde sät und viele Pflanzen pflanzt, aber nicht alles, was gesät wurde, zu (seiner) Zeit bewahrt bleibt, und nicht alles, was gepflanzt wurde, Wurzeln schlägt, so werden auch die, die in der Welt gesät sind, nicht alle bewahrt bleiben." (Übersetzung nach J. SCHREINER, JSHRZ V/4 368). Vgl auch 4Esr 9,17; äthHen 62,8.)

2. Auslegung von 13,10-17:
Jüngerbelehrung über den Zweck der Gleichnisse[21]

10 **Und die Jünger traten zu ihm heran und fragten ihn: „Warum redest du zu ihnen in Gleichnissen?“**
11 **Er aber antwortete und sprach zu ihnen: „Euch ist es gegeben, die Geheimnisse des Himmelreiches zu erkennen, jenen aber ist es nicht gegeben.“**
12 **Jedem nämlich, der hat, wird gegeben werden, so dass er im Überfluss hat; jedem aber, der nicht hat, dem wird auch weggenommen werden, was er hat.**
13 **Deshalb rede ich zu ihnen in Gleichnissen, denn Sehende sehen nicht, und Hörende hören weder noch verstehen sie.**
14 **Und erfüllt wird an ihnen die Weissagung des Profeten Jesaja, die sagt:**

> **‚Hörend werdet ihr hören und (doch) nicht verstehen,**
> **und sehend werdet ihr sehen und (doch) nicht wahrnehmen.**
> 15 **Denn verhärtet ist das Herz dieses Volkes**
> **und mit ihren Ohren hören sie schwer und ihre Augen haben sie geschlossen,**
> **damit sie nicht sähen mit den Augen und mit den Ohren hörten**
> **und mit dem Herzen verstünden und sich bekehr-**

---

[21] *Literatur*: KARRER, M., „Und ich werde sie heilen“. Das Verstockungsmotiv aus Jes 6,9f in Apg 28,26, in: Kirche und Volk Gottes. FS J. Roloff, Hg. v. M. Karrer, Neukirchen-Vluyn 2000,255-271; ELDEREN, B. VAN, The Purpose of the Parables according to Matthew 13:10-17, in: New Dimensions in NT Study, ed. M. J. Tenney/R.E. Longenecker, Grand Rapids 1974, 180-190; BOVON, F., „Schön hat der heilige Geist durch den Propheten Jesaja zu euren Vätern gesprochen“(Act 28,25), ZNW 75 (1984) 226-232; MANSON, W.: The Purpose of the Parables: A Re-Examination of St. Mark iv.10-12, ET 68 (1957) 132-135; GNILKA, J, Die Verstockung Israels. Is 6,9-10 in der Theologie der Synoptiker, München 1961 (StANT 3); (ders.), Das Verstockungsproblem nach Matthäus 13,13-15, in: Antijudaismus im NT? Hg. v. W. Eckert, München 1967,119-128.

ten und ich sie heilte'.
16 **Aber selig eure Augen, dass sie sehen, und eure Ohren, dass sie hören!**
17 **Denn Amen, ich sage euch: Viele Profeten und Gerechte begehrten zu sehen, was ihr seht, und haben es nicht gesehen, und zu hören, was ihr hört, und haben es nicht gehört."**

Matthäus folgt hier weiter seiner Markus-Vorlage. Aber war er dieser in V.1-9 weithin bis in den Wortlaut hinein treu geblieben, so verfährt er hier sehr viel freier. Aus Mk 4,10-13 entnimmt er zwar das Grundgerüst des Abschnitts. Er verändert es jedoch durch Umformulierungen, Zusätze und Umstellungen so stark, dass formal wie inhaltlich etwas Neues entsteht. Völlig umgestaltet ist die einführende Situationsangabe (V.10): Der Ortswechsel ist gestrichen. Umso stärker betont und präzisiert ist stattdessen der Adressatenwechsel: Gesprächspartner Jesu sind „die Jünger"[22] (dagegen Mk 4,10: „die um ihn mit den Zwölfen"). Dass damit der Gegensatz zwischen ihnen und dem Volk thematisiert werden soll, verdeutlicht die ebenfalls neu formulierte Jüngerfrage: „Warum redest du zu ihnen (d. h. zur Volksmenge) in Gleichnissen?" Der Anfang der Antwort Jesu (V.11) schließt sich eng an Mk 4,11 an, führt jedoch neu die Erkenntnis ein (γνῶναι) sowie den Plural τὰ μυστήρια[23]. Außerdem wird die Antithetik dadurch geschärft, dass dem ὑμῖν δέδοται die Formulierung ἐκείνοις δὲ οὐ δέδοται gegenübergestellt wird. Die Fortsetzung von Jesu Antwort, das weisheitliche Logion V.12, hat Matthäus an späterer Stelle des markinischen Gleichniskapitels (Mk 4,25) vorgefunden, wo es in einer Sequenz unverbundener Logien erschien, und in den vorliegenden

---

[22] Lk 8,9 hat οἱ μαθηταὶ αὐτοῦ. Das ist das erste von mehreren minor agreements in diesem Abschnitt (vgl. Anm. 25).

[23] Die sich somit ergebende wörtliche Übereinstimmung mit Lk 8,10 ist ein weiteres minor agreement in diesem Abschnitt (vgl. Anm. 25) und wohl „eines der bestechendsten" (GNILKA, Mt I 480).

Kontext eingegliedert[24]. V.13a ist eine matthäische Eigenformulierung, die den Anschluss an die markinische Vorlage wieder herstellt und zugleich an die Ausgangsfrage von V.10 anknüpft.
V.13b übernimmt von Mk 4,12 die Paraphrase der Verstockungsaussage aus Jes 6,9f, allerdings mit drei charakteristischen Veränderungen. Das finale ἵνα ist (1.) durch das kausale ὅτι ersetzt: Das Nicht-Verstehen des Volkes ist also nicht mehr als Ziel des Redens Jesu in Gleichnissen, sondern als dessen Grund gekennzeichnet. Damit wird der prädestinatianische Klang der Aussage gemildert, wenn auch keineswegs beseitigt. (2.) Die beiden emphatischen Doppelungen der Vorlage (βλέποντες βλέπωσιν und ἀκούοντες ἀκούωσιν), die die von Gott gewirkte Paradoxie eines Sehens bzw. Hörens, das kein wirkliches Sehen und Hören ist, herausstellt, werden getilgt, so dass eine sehr viel schlichtere Aussage entsteht, die die menschliche Verantwortung der Hörer betont: Sehende sehen nicht, Hörende hören nicht. Schließlich ist (3.) der Hinweis auf die Unmöglichkeit von Umkehr und Vergebung (Mk 4,12c) weggelassen[25].

---

[24] Matthäus hat dabei das Relativpronomen ὅς durch das verallgemeinernde ὅστις ersetzt und mit dem Zusatz von καὶ περισσευθήσεται eine Verbindung zu den Ertragsschilderungen von V.8 und V.23 hergestellt (HAGNER 371). Diesen Zusatz enthält auch die Variante des Logions in 25,29.

[25] Die beiden zuletzt genannten Veränderungen finden sich ebenfalls in Lk 8,10. Damit liegt ein drittes minor agreement innerhalb des Abschnitts vor. Das hat zu unterschiedlichen Hypothesen Anlass gegeben. RIESNER (1984) 477 rechnet mit der Existenz einer nicht-markinischen Variante zu Mk 4,11f, LUZ, Mt 301 postuliert eine deuteromarkinische Bearbeitung des Mk-Textes, „die generell das mk Jüngerunverständnis reduziert“, und BOVON, Lk I 405 rechnet mit dem Einfluss mündlicher Tradition. Näher liegt m. E. jedoch die Annahme unabhängiger Parallelentwicklungen bei Mt und Lk. Wenn beide die Aussage von dem den Jüngern übergebenen „Geheimnis der βασιλεία" (Mk 4,11) entschärfen, indem sie stattdessen vom „Erkennen der Geheimnisse der βασιλεία“ sprechen, so tragen sie damit jener Akzentverschiebung Rechnung, die sich in der dritten

Das in V.14f folgende Erfüllungsszitat ist hinsichtlich seiner Herkunft umstritten, denn es unterscheidet sich nach Form und Anlage in mehrfacher Hinsicht von den sonstigen Erfüllungszitaten bei Matthäus. Auffällig ist zunächst, dass es das einzige ist, das im Mund Jesu selbst erscheint: Jesus deutet also selbst das Geschehen mittels der Schrift. Die Einführungsformel (V.14a) fällt aus dem üblichen Rahmen; sie enthält mit ἀναπληροῦν und προφητεία zwei Begriffe, die sonst Matthäus fremd sind[26]. Während sonst die Erfüllungszitate einen von LXX abweichenden Mischtext bieten, gibt dieses den LXX-Text nahezu wörtlich wieder[27]. Irritierend ist nicht zuletzt auch die weitgehende Doppelung der paraphrasierenden Aussage von V.13, die sich durch das folgende wörtliche Zitat ergibt. All dies nährte die Vermutung, hier handle es sich nicht um einen ursprünglichen Bestandteil des Evangeliums, sondern um den späteren Zusatz eines nicht sehr geschickten Glossators[28]. Doch damit würden mehr Schwie-

---

christlichen Generation hinsichtlich der Eschatologie und – damit zusammenhängend – des Verständnisses der βασιλεία - ergeben hat: Aus dem Heilsgut der βασιλεία, das den Jüngern bereits in der Gegenwart gegeben ist (Mk 4,11; vgl. LÜHRMANN, Mk [HNT 3] 86), wird nunmehr die Erkenntnis der „Geheimnisse der βασιλεία", d. h. des zukünftigen Verlaufs des Heilsplans Gottes. Lk hat die Anspielung auf Jes 6,7 an dieser Stelle konsequent durch die Verkürzung und die Weglassung von Mk 4,12c dieser Sichtweise angepasst (Das vollständige Zitat von Jes 6,9f bringt er wortgleich mit Mt 13,14 an anderer Stelle, nämlich in Apg 28,26f). Die gleiche Intention mag bei deren Veränderung durch Matthäus auch mit im Spiel gewesen sein. Entscheidend war für ihn jedoch das Bestreben, den Gedanken an eine intendierte verstockende Wirkung der Verkündigung Jesu abzuwehren, das in der Umformung des finalen in einen kausalen Sinn zum Ausdruck kommt.

26 Üblich sind in den Einführungsformeln πληροῦν und τὸ ῥηθε'ν δια' τοῦ προφήτου.

27 Einzige (noch dazu umstrittene) Ausnahme: in V.15 fehlt das erste αὐτῶν aus Jes 6,10 LXX, das freilich textlich keineswegs gesichert ist: Es findet sich bei Ra, fehlt jedoch in einigen HSS (z.B. B 393).

28 So JOHNSON, S.E., The Biblical Quotations in Matthew, HThR 34(1943), 137; STENDAHL, School 131; ROTHFUCHS 23f; DAVIES/

rigkeiten geschaffen als beseitigt. Gewichtigstes Gegenargument ist die völlige Eindeutigkeit der textlichen Überlieferung[29]. Bei einem so früh schon verbreiteten Werk wie dem Matthäusevangelium hätte eine Interpolation in ihm zweifellos Spuren hinterlassen. Darüber hinaus lassen sich eine Reihe von weiteren Argumenten für die matthäische Herkunft geltend machen[30]: Jes 6,9f war zweifellos eine der im Urchristentum häufig herangezogenen Bibelstellen. Für Matthäus, der sich darum bemühte, mittels seiner Erfüllungszitate alle wichtigen Stationen und Vorgänge der Geschichte Jesu als Schrifterfüllung aufzuweisen, legte es sich nahe, es im vorliegenden Zusammenhang, wo es um die zentrale Charakteristik der Verkündigung ging, nicht bei der bloßen Anspielung auf Jes 6,9 bewenden zu lassen, sondern aus diesem Text ein eben diese Thematik beleuchtendes solennes Erfüllungszitat eigenständig zu formen. Auch dafür, dass er in diesem Fall auf die LXX, die er im Übrigen durchaus kannte, zurückgriff, gab es einen guten Grund: Deren Version enthielt nämlich eine Reihe jener Begriffe und Wendungen, die im unmittelbar nachfolgenden Kontext (V.16f) Gegenstand weiterer Interpretation sind[31]. Das Erfüllungszitat ist deshalb auch keine störende Wiederholung von V.13, sondern eine notwendige Brücke zwischen V.13 und V.16. Was schließlich die Einleitungs-

---

ALLISON, Mt II 393f, die aufgrund der auffälligen wörtlichen Übereinstimmung des Zitats mit Apg 28,26f sekundäre Übertragung von dort her durch den Interpolator vermuten; STRECKER (1962) 70 Anm. 3; GNILKA (1961) 105 (zurückhaltender: GNILKA Mt I 483f).

[29] Die HSS bezeugen lediglich an zwei Stellen textliche Abweichungen: Varianten in der Zitateinleitung V.14 (D 1424 *pc* it: τοτε πληρθωησετγαι επ αυτοις; *f*[1] a: τοτε πληρουται) wollen dem sonstigen matthäischen Stil angleichen; in V. 15a tragen zahlreiche Zeugen (u.a.ℵ C it sy[s]) das fehlende αὐτῶν aus dem LXX-Text nach.

[30] Für sie treten u. a. ein TRILLING 59f; SEGBROECK 349-351; LUZ Mt II 301f; HAGNER, Mt I 375.

[31] Es sind dies neben den auch schon in V. 13 erscheinenden Worten ἀκούειν, βλέπειν und συνιέναιν vor allem ὀφθαλμοι, καρδίᾳ und ὦτα. Vgl. LUZ, Mt II 302 Anm. 20.

formel anlangt, so fällt diese gewiss aus dem Rahmen. Doch die meisten Abweichungen vom Üblichen lassen sich von Rahmensituation und Kontext her erklären[32]. So musste Matthäus, um die Jesusrede nicht zu unterbrechen, das Zitat in den Mund Jesu legen. Er musste ferner, da es sich um die Deutung eines gegenwärtig sich vollziehenden – nicht wie sonst, eines bereits abgeschlossenen – Geschehens handelte, die Erfüllungsaussage präsentisch formulieren. Und schließlich musste er (wie schon in 2,17) den Eindruck vermeiden, das negative Geschehen, um das es hier ging, sei von Gott zum Zweck der Schrifterfüllung verhängt worden.

Der abschließende Makarismus V.16f ist aus Q übernommen, wo er am Ende der Aussendungstradition seinen Ort hatte (Lk 10,23f). Matthäus hat gegenüber der offensichtlich bei Lk bewahrten ursprünglichen Fassung[33] eine Reihe gezielter Änderungen vorgenommen, um ihn seinem Kontext einzugliedern und vor allem einen antithetischen Bezug auf das vorhergegangene Erfüllungszitat herzustellen. Von ihm stammen in V.16 das adversative ὑμῶν δε der Einleitung, das die Ausrichtung auf den Jüngerkreis eindeutig macht[34], die Einfügung von τὰ ὦτα ὑμῶν ἀκούουσιν, die den Parallelismus von V.14 weiterführt, und vor allem das zweimalige ὅτι, das herausstellt, dass der Makarismus auf das *Weil* des Sehens und Hörens geht[35]. Redaktion des Matthäus ist in V.16 die Ersetzung der „Könige“ durch die „Gerechten“.

Abrupt wird zu einer neuen Szene übergeblendet, die Jesus als Lehrer seiner Jünger zeigt. Die Äußerlichkeiten des vorherigen Szenario mit See, Boot und Volk scheinen vergessen. Wohl aber wird das Volk zum theologischen The-

---

32 Auch bei anderen Erfüllungszitaten finden sich im übrigen solche die jeweilige Kontextsituation berücksichtigende Abweichungen, z.B. 2,5; 3,3.

33 Hierzu und zum Folgenden SCHULZ, Q 419f; RIESNER (1984) 431f.

34 Anders Lk 10,23, wo die Seligpreisung auf alle ausgedehnt ist, die zur Zeit der Jünger leben; BOVON, Lk II 68.

35 Bei Lk hingegen geht er auf das *Was*. Vgl. BOVON, Lk II 68.

ma der neuen Szene – wenn auch nicht zum einzigen. Zweites, und wie sich zeigen wird, eigentlich zentrales Thema sind die Jünger.
Das ergibt bereits ein Blick auf den Aufbau der Szene. Sie wird eingeleitet durch die Frage der Jünger an Jesus nach dem Grund seines Redens zum Volk in Gleichnissen. In der folgenden ausführlichen Antwort Jesu wird die Rede in Gleichnissen zum Anlass einer grundsätzlichen Unterscheidung zwischen Jüngern und Volk. Diese Antwort besteht aus drei Teilen: (a) Deren erster (V.11-12) gibt die Ursache für diese Unterscheidung an: Die Jünger sind imstande, „die Geheimnisse der Himmelsherrschaft zu verstehen“, nicht hingegen das Volk. (b) Im zweiten Antwortteil (V.13-15) benennt Jesus als den Grund seines Redens zum Volk in Gleichnissen dessen Unfähigkeit zu sehen und zu hören, wobei er sich auf Jes 6,9f bezieht. (c) Im direkten Gegensatz dazu hat der als Makarismus gestaltete dritte Teil (V.16-17) die Fähigkeit der Jünger zu sehen und zu hören zum Thema: Diese wird ein durch die unmittelbare Nähe Jesu zu ihnen ermöglichtes besonderes heilsgeschichtliches Privileg herausgestellt. Nur Teil (b) nimmt also direkt Bezug auf die Ausgangsfrage nach dem Volk. In den beiden ihn umrahmenden Teilen (a) und (c) stehen hingegen die Jünger im Zentrum. Damit kommt schon formal zum Ausdruck, dass Jesu Antwort die Ausgangsfrage gleichsam überholt. Das Nichtverstehen des Volkes wird auf den zweiten Platz gerückt hinter dem beherrschenden Thema des Verstehens der Jünger; es ist kaum mehr als ein bloßer Kontrast, der dazu dient, jenes in ein um so helleres Licht zu setzen. Nicht nur die Makrostruktur des Abschnitts, sondern auch die Binnenstruktur seiner einzelnen Teile ist auf solche Kontrastwirkung hin angelegt. Das zeigen die zahlreichen antithetischen Formulierungen: „euch ist es gegeben..., jenen nicht“ (V.11); „wer hat..., wer nicht hat“ (V.12); Nicht-Sehende und Nicht-Hörende einerseits (V.13f) – Sehende und Hörende andererseits (V.16f).

Deutlich wird hier vor allen Dingen: Matthäus kennt, anders als Markus, kein Jüngerunverständnis mehr. Für ihn sind die Jünger die Jesus Nahen, diejenigen, die seine Rede hören und verstehen können – auch seine Rede in Gleichnissen. Auf eine Deutung der Gleichnisse (vgl. Mk 4,10) sind sie als Sehende und Hörende, wie sich auch im Fortgang der Rede zeigen wird, nicht angewiesen. Von dieser Voraussetzung her hat Matthäus die Jüngerfrage von V.10 gegenüber Markus völlig neu formuliert; diese Voraussetzung gibt dieser Frage aber auch ihre Problematik. Wie Matthäus sie verstanden wissen will, ist nicht ganz klar. Soll sie besagen: Warum redest du zum Volk *nur* in Gleichnissen, ohne ihnen auch die zum Verständnis nötigen Deutungen zu geben?[36] Damit wäre die markinische Sicht vorausgesetzt, wonach Jesu Gleichnisse ohne Deutung unverständlich sind. Aber nichts deutet darauf hin, dass Matthäus diese Sicht teilt. Oder soll die Frage besagen: Warum redest du zum Volk in Gleichnissen (und nicht in einfacher verständlicher Sprache)? Das würde ein Verständnis der Gleichnisse als einer besonders schwierigen Sprachform voraussetzen. Oder ist der Sinn der Frage noch radikaler: Warum redest du *überhaupt* zum Volk in Gleichnissen? Vom Kontext her legt sich in der Tat ein Verständnis im letztgenannten Sinn nahe. Es geht in den παραβολαί Jesu ja um nichts anderes als um die „Erkenntnis der Geheimnisse der βασιλεία“ (V.11). Das heißt aber, dass Gleichnisse und Herrschaft der Himmel untrennbar einander zugeordnet sind. Weil die Verkündigung Jesu die βασιλεία als zentrales Thema hat, darum kann Jesus von ihr eben nicht anders reden, als in Gleichnissen. Jene Aufdeckung des Verborgenen, die Gott durch Profetenwort für die Endzeit verheißen hat, geschieht jetzt, indem Jesus „seinen Mund in Gleichnissen auftut“ – so das Erfüllungszitat V.35, das die Spitzenaussage des ersten Redeteils bildet. Gleichnisse sind nach Meinung des Matthäus die einzige der βασιλεία angemessene Redeweise.

[36] So DAVIES/ALLISON II 387; LUZ, Mt II 311.

Voraussetzung für das Verstehen der Gleichnisse ist nicht, dass Jesus selbst oder ein dazu besonders Bevollmächtigter sie in Deutungen umsetzt, sondern dass Gott selbst Menschen, die von sich aus blind und taub wären, Augen und Ohren öffnet, so dass sich ihnen in den Gleichnissen das Geheimnis seiner Herrschaft erschließt. Solche Befähigung zum Sehen und Hören aber ist allein den Jüngern Jesu zuteil geworden. Nicht um die Vermittlung einer methodischen Anweisung für die Gleichnisinterpretation geht es also, sondern darum, die Jünger der Möglichkeit ihres Verstehens gewiss zu machen und sie zu ermutigen, von dieser Möglichkeit Gebrauch zu machen. Dabei durchbricht der Text die Ebene der vergangenen Geschichte Jesu hin auf die Leserebene. Er enthält ein Identifikationsangebot für die Glieder der gegenwärtigen Gemeinde: Sie sollen sich als Jüngerinnen und Jünger Jesu verstehen; sie dürfen die zahlreichen direkten Anredeformen des Textes (V.11. 16.17) unmittelbar auf sich beziehen. Denn jene Gegenwart, in der es bisher verborgenes Neues zu sehen und zu hören gibt, von der V.17 spricht, ist ja keineswegs auf die kurze Epoche des Erdenwirkens Jesu beschränkt geblieben. Sie ist – wie Matthäus immer wieder betont (1,23; 28,20) – für seine Jüngerinnen und Jünger bleibende, beständige Wirklichkeit, mit der sie rechnen dürfen. Dies freilich nur, so lange sie an der Gemeinschaft mit Jesus festhalten. Gerade von diesem Aspekt wird im Folgenden noch intensiv die Rede sein.
Diesem Bild der Jünger steht nun freilich das Kontrastbild des Volkes gegenüber. Natürlich bezieht sich dieses Bild auf das Volk, das sich dem Angebot Jesu zur Gemeinschaft mit ihm verweigert. Ob Matthäus damit aber auf eine bereits zur Zeit Jesu vollzogene grundsätzliche Verwerfung Israels verweisen will, ist eher fraglich. Mehr spricht dafür, dass er auch dieses Bild auf seine Gegenwart hin offen halten wollte. In dem nicht verstehenden Volk wären dann jene Menschen aus Israel gezeichnet, die sich der missionarischen Botschaft der Jesusanhänger verschlossen haben.

V.10: Die Szene wechselt abrupt: Jesus ist nun allein im Gespräch mit seinen Jüngern. Woher diese plötzlich kommen, wird ebenso wenig gesagt, wie wo dieses Gespräch stattfindet. Alles, was das Leserinteresse von dessen Inhalt abziehen könnte, bleibt ausgeblendet. Die Jünger „treten heran" zu Jesus. Mit dieser für ihn typischen Lieblingswendung (5,1; 8,2.5.19; 9,14 u.ö.) stellt Matthäus die Mittelpunktstellung Jesu innerhalb des berichteten Geschehens heraus. Die Frage der Jünger knüpft unmittelbar an den in V.3a erwähnten Sachverhalt an – Jesus redet zum Volk „Vieles in Gleichnissen" – und stellt ihn zugleich in einen weiteren Zusammenhang, indem sie eine grundsätzliche Unterscheidung zwischen den Jüngern und dem Volk voraussetzt. Die enge Zusammengehörigkeit von Jüngern und Volk, wie sie die Ausgangssituation der Bergpredigt kennzeichnete (5,1), ist jetzt nicht mehr vorhanden. Darum erscheint es in den Augen der Jünger als unangemessen, dass Jesus zum Volk in Gleichnissen redet. Sie setzen voraus, dass die Rede in Gleichnissen für das Volk unverständlich bleibt – mit Recht, wie die folgende Antwort Jesu zeigt.
V.11: In seiner Antwort verweist Jesus zunächst auf den Grund des Nichtverstehens des Volkes. Er liegt nirgends anders als in einem geheimnisvollen, durch das passivum divinum umschriebenen Handeln Gottes selbst. In antithetischem Parallelismus werden die Jünger (ὑμῖν δέδοται) und das Volk (ἐκείνοις δὲ οὐκ δέδοται) hinsichtlich dessen, was Gott ihnen „gegeben" bzw. „nicht gegeben" hat, einander gegenübergestellt. Lag der Akzent in Mk 4,11 auf der βασιλεία selbst, die bisher verborgen war, jetzt aber den Jüngern als in Jesus selbst gegenwärtig zugänglich gemacht wird[37], so verschiebt Matthäus ihn auf das Erkennen (γνῶναι) von deren Geheimnissen durch die Jünger. Dabei ergibt sich durch die Zuordnung von παραβολαί, μυστήρια und γνῶναι ein Begriffsfeld, das in der apokalyptischen Literatur seinen festen Platz hat: Träume, Visionen, allegorische Bilderreden werden als μυστήριον (hebr.

[37] KRÄMER, H., EWNT II 1101; DAVIES/ALLISON II 389.

רז) bezeichnet[38], das der Auslegung durch einen angelus interpres bzw. einen von Gott besonders beauftragten Deuters bedarf, um für einen bestimmten Kreis von Menschen in seinem Sinn erkennbar zu werden[39], wobei dieser Sinn sich auf die eschatologischen Geheimnisse bezieht [40]. Nun spielt sicher dieser Gesichtspunkt der Auslegungsbedürftigkeit auch hier eine Rolle. So lange sie nicht durch eine von Gott selbst ermöglichte Deutung dem Verstehen erschlossen wird, bleibt sie ein Menschen unzugängliches Geheimnis. Aber an eine solche Erschließung der Gleichnisse durch eine den Jüngern zusätzlich gebotene Deutung ist hier gerade nicht gedacht. Im Gegenteil: Die Jünger werden darauf hingewiesen, dass sie keiner weiteren von außen kommenden Deutung der „Geheimnisse der βασιλεία" mehr bedürfen, weil Gott ihnen selbst die Fähigkeit zum Verstehen bereits geschenkt hat. Eben dies ist die gegenüber der Markus-Vorlage von Matthäus gezielt eingebrachte Pointe! Diese kommt für die Leser freilich nicht ganz überraschend, war sie doch durch 11,25-27, wo von der Offenbarung des Sohnes an die Seinen die Rede war, bereits hinlänglich vorbereitet[41]. Was den Inhalt dieser „Geheimnisse" anlangt, so nimmt darin sicher auch für Matthäus der eschatologische Plan Gottes für die Zukunft

---

[38] Belegt ist aber die Bezeichnung von apokalyptischen Visionen und Bildreden mit dem Begriff παραβολή. So erscheint παραβολή in der Überschrift der Bildrede Ez 17 in Ez 17,2 LXX, und zwar als Äquivalent von משל, eines ursprünglich in der Weisheitsliteratur beheimateten Begriffs. Vgl. auch Dan 12,8b.

[39] So die Zuordnung von Bilderreden und deren Deutungen durch einen Engel in äthHen 38,1; 4Esr 4,3.47 u.ö.; vgl. KLAUCK (1974) 75-88.

[40] So die Deutung von Nebukadnezzars Traum durch Daniel (Dan 2,27f): „Zeichendeuter und Astrologen vermögen dem König das Geheimnis (LXX: μυστήριον), nach dem er fragt, nicht zu enthüllen. Aber es gibt im Himmel einen Gott, der Geheimnisse offenbart (LXX: ἀπολαλυπτῶν μυστήρια); er ließ den König Nebukadnezzar wissen, was am Ende der Tage geschehen wird." Weiteres Material: KLAUCK (1978) 67-91.

[41] LUZ Mt II 312.

des Heils eine hervorgehobene Stellung ein. Denn dass er diesen vorzugsweise in den Gleichnissen niedergelegt sieht, zeigt sich an seiner Deutung des Unkrautgleichnisses (13,36-43)[42]. Man wird jedoch diesen Inhalt weder auf die eschatologische Thematik noch auf die Gleichnisse eingrenzen dürfen. Letztlich gehört dazu alles, was mit der βασιλεία zusammenhängt, also die gesamte Lehre und Verkündigung Jesu, einschließlich seiner Tora-Auslegung und seiner ethischen Weisungen.

Dass dem Volk das Erkennen der Geheimnisse nicht gegeben ist, wird zunächst nur lapidar festgestellt. Die folgende Erklärung dafür bleibt ganz auf der Ebene des Handelns Gottes; eine auf menschlicher Ebene zu suchende Ursache wird nicht benannt – für moderne Ausleger sicher ein irritierender Umstand[43].

V.12: Dieser Vers kann solche Irritation nur noch steigern. Denn hier wird eine weisheitliche Maxime (Spr 11,24; 15,6; 4Esr 7,25) eingeführt[44]. Diese bringt in sehr zugespitzter Form eine Erfahrung der alltäglichen Ökonomie auf den Punkt, die schon in der Antike galt, aber vom modernen Kapitalismus spektakulär bestätigt worden ist: Die Reichen werden immer reicher, die Armen aber immer är-

---

[42] LUZ Mt II 312 verweist wohl mit Recht in diesem Zusammenhang auch auf γινώσκειν als „Leitwort" der Endzeitrede 24,30-50.

[43] So stellt LUZ (Mt II 312) die Frage, „was das Volk denn falsch gemacht hat", und will sie „indirekt" von der Gleichnisauslegung in V 18-23 her beantworten: Die Zuhörer hätten es versäumt, das Aussaatgleichnis im Sinne von 2Sam 12,7 auf sich selbst zu beziehen. Doch damit schränkt Luz – entgegen seiner eigenen Intention – das Erkennen auf die rechte Gleichnisauslegung ein. Der Fehler des Volkes – wenn man denn überhaupt von einem solchen sprechen will - dürfte vielmehr darin bestehen, dass es sich dem radikalen Anspruch Jesu auf Jüngerschaft (und damit auf Glauben) widersetzt hat. Richtig HAGNER II 373: Es geht nicht um „receptivity and unreceptivity". Gegenübergestellt wird vielmehr „the one who has welcomed the message of the kingdom and who has responded in the appropriate commitment", und der, der das nicht getan hat.

[44] Im Rahmen des Talentegleichnisses Mt 25,29 erscheint das Logion nochmals. Hatte es dort seinen ursprünglichen Haftpunkt in der Tradition? (s. dort).

mer. Sie wird nun freilich durch die Übertragung auf das Verhältnis zwischen dem den Jüngern von Gott (passivum divinum!) geschenkten und dem Volk versagten Erkennen ihres latenten Zynismus entkleidet und damit gegen den Strich gebürstet. Um mögliche Missverständnisse auszuschalten, muss man aber sehr genau nach dem hier intendierten Vergleichspunkt fragen: Nicht um eine quantifizierbare Größe, etwa im Sinne eines vermehrbaren Grundkapitals, geht es bei dem Haben bzw. dem Nicht-Haben. Dass das Haben uneigentlich gemeint ist, geht ja schon aus der paradoxen Formulierung des Nachsatzes hervor: Einem, der nichts hat, kann man im realen Leben auch nichts wegnehmen! Worauf bezieht sich also das Haben? Vielleicht lässt sich das nur paradox umschreiben: nicht auf etwas in sich Ruhendes, Messbares, in seinem Bestand Aufweisbares, sondern auf etwas sich Bewegendes, über sich Hinausdrängendes, auf eine Kraft, die nur sichtbar und wirksam wird, indem sie sich entfaltet. Anders gesagt: es geht um ein dynamisches, nicht um ein statisches Moment. Das wiederum verweist auf die folgende Gleichnisdeutung (V.18-23), in dem jener dynamische Prozess veranschaulicht wird, in dem sich der Bezug von Menschen zur βασιλεία konkretisiert. Der Vergleichspunkt dürfte also auch hier im Verhältnis zur βασιλεία und damit zu Jesus liegen. Wer in dieses Verhältnis bereits eingetreten ist, d.h. wer den Schritt in die Jüngerschaft getan hat, der steht in einer Relation, die notwendig zu weiterem Wachstum in Erkenntnis und Gehorsam führen wird[45]. Spekulationen hingegen über eine vorgängige Begabung des Menschen, die ihn zur Erkenntnis Jesu und seiner Botschaft befähigt, wie sie etwa ADOLF SCHLATTER anstellte, werden durch

---

[45] Analog wird die Maxime in 4Esr 7,24f auf das Verhältnis zu Tora, Bund und Geboten Gottes angewandt: „das Leere den Leeren und das Volle den Vollkommenen", d.h. wer in keinem Grundverhältnis zu diesen Größen steht, wird auch weiter in Bezug auf sie „leer" bleiben. Vgl. GNILKA, Mt I 482f.

diesen Text nicht genährt[46]. Dass es sich hier um paradoxe Redeweise handelt, geht übrigens auch aus dem οὐ περισσευθήσεται des Vordersatzes hervor: denn einen „Überfluss" im Blick auf die βασιλεία bzw. deren Erkenntnis kann es schwerlich geben, ist diese doch das Unüberbietbare schlechthin.

V.13: Hier kommt Jesus auf die Jüngerfrage von V.10 nach dem Grund seines Redens zum Volk in Gleichnissen zurück[47]. Dies geschieht in einer umschreibenden Bezugnahme auf Jes 6,9f, einen biblischen Text, der bei christlichen Lesern als bekannt vorausgesetzt werden konnte (vgl. Apg 28,26f; Joh 12,39f; Röm 11,8). Dabei ist die Verschiebung der Akzente gegenüber dem ursprünglichen Textsinn bei Jesaja zu beachten. Jesaja wurde von Gott angewiesen, *durch* seine Verkündigung das ungehorsame Volk so zu verhärten, dass es weder zum Hören und Sehen kommen, noch Einsicht gewinnen kann. Auf diese Weise sollte er Gericht ansagen, „die Reife Israels zum Gericht offenkundig werden" lassen, ja sie geradezu „bewirken"[48]. Demgegenüber sind hier, wie schon in Mk 4,12, Hören und Sehen vertauscht. Anscheinend will Matthäus damit eine Engführung auf die Verkündigung Jesu vermeiden. Es geht ihm um die Wahrnehmung der Erscheinung Jesu in ihrer Totalität (vgl. 11,25-27)[49]. Mit der schon erwähnten Ersetzung des finalen ἵνα durch das kausale ὅτι will er dem Eindruck entgegenwirken, als habe Jesus das Volk durch seine Gleichnisverkündigung willentlich und vorsätzlich verhärtet. Darüber hinaus – und das ist wohl noch wichtiger – ist

---

[46] SCHLATTER 430f dachte dabei vor allem an die „Schrift" als an „den vor der Tätigkeit Jesu vorhandenen Besitz der Gemeinde", der für sie die entscheidende Voraussetzung für das Hören der Botschaft Jesu gewesen sei.

[47] Das διὰ τί von V.10 wird durch das διὰ τοῦτο von V.13 unmittelbar aufgenommen, weist also nach vorwärts (LUZ Mt II 313 Anm.110).

[48] WILDBERGER, H., Jesaja I (BK.AT X/1) 256.

[49] Kaum überzeugend will GNILKA, Mt I 483, hier einen Hinweis darauf finden, dass die Gleichnisrede Bilderrede sei.

mit keinem Wort angedeutet, dass es sich dabei um einen von Gott ausgehenden, im Horizont des Gerichts an Israel stehenden Auftrag gehandelt hätte[50]. Gesagt wird lediglich: Das Volk hat, obwohl sehend und hörend, das, was ihm in Wirken und Botschaft Jesu begegnete, weder gesehen, noch gehört und darum in seiner Bedeutung als Angebot und Herausforderung nicht verstanden; es hat sich demnach im Sinn der Worte Jesajas als verstockt erwiesen. *Weil das so ist*, darum redet Jesus zu ihm in Gleichnissen, in einer Redeform also, die ihm unverständlich ist. Wobei solche Unverständlichkeit keineswegs die Schuld Jesu, sondern die des Volkes ist. Denn wie anders als in Gleichnissen könnte er von der βασιλεία reden? Anders gesagt: Das Reden in Gleichnissen ist in sich selbst weder Strafe noch Gericht. Es hat die Funktion, das Volk bei seiner schuldhaften Nicht-Bereitschaft zum Sehen und Hören zu behaften[51]. Und darum bricht Jesus denn auch seine Kommunikation mit dem Volk nicht ab, sondern setzt sie bis zum Ende seines Weges fort.

V.14f: Im Licht dieser Interpretation von Jes 6,9f will die nun in den Rahmen eines Erfüllungszitates gefasste wörtliche Wiedergabe dieser Stelle gelesen werden. Dieser Intention kommt die LXX-Version entgegen, weil sie im Unterschied zum Matthäusevangelium die Verhärtung des Herzens des Volkes nicht auf die an den Profeten ergangene Anordnung Gottes zurückführt, sondern lediglich deren faktisches Vorhandensein als Ursache des Nicht-Hörens und Nicht-Sehens konstatiert (ἐπαχύνθη γάρ). In die gleiche Richtung weist auch die Einführungswendung: Indem sie auf das sonst in den Einführungen der Erfüllungszitate nahezu stereotype ἵνα πληρωθη verzichtet, setzt sie ein deutliches leserführendes Signal, das ein Verständnis des Zitates als Beschreibung eines finalen göttlichen Han-

---

[50] Gegen GNILKA, Mt I 483, der – hierin den Spuren älterer Ausleger (z. B. SCHNIEWIND 166) folgend – das Reden Jesu in Gleichnissen als „Gericht über Israel" deutet.

[51] Ähnlich LUZ, Mt II 315: „Die Gleichnisse haben gegenüber Israels Verstockung nur eine negative Funktion: Sie haben sie nicht auf."

delns ausschließen soll. Leser und Leserinnen sollen lediglich wissen, *dass* die Profetie Jesajas jetzt „gänzlich zur Erfüllung kommt“[52], und zwar an den Hörerinnen und Hörern der Gleichnisverkündigung Jesu. Denn das αὐτοῖς von V. 14a ist kontextuell auf jenes der vorangegangenen Jüngerfrage (V.10) rückbezogen. Das spricht gegen ein Verständnis des Zitats als grundsätzliche Aussage über die Verstocktheit des gesamten jüdischen Volkes und seine Unfähigkeit zum Hören der Botschaft Jesu. Es soll wohl eher den Lesern und Leserinnen des Evangeliums die für sie bedrängende gegenwärtige Erfahrung deuten, dass ihre Verkündigung von der überwiegenden Mehrheit des Gottesvolkes nicht angenommen wurde. Im Vordersatz von V.15 werden in absteigender Linie „Herz“, „Ohren“ und „Augen“ als die für die Verhärtung maßgeblichen Organe benannt, wobei das Herz als deren wichtigstes voransteht, versinnbildlicht es doch das Personzentrum des Menschen, den Ort, an dem sich die Gottesbegegnung realisiert. Drastisch wird dieses Herz als „verfettet“ bezeichnet, d.h. als unbeweglich, unzugänglich und damit für die Begegnung mit Gott nicht mehr offen. Solche Grunddisposition wirkt sich aus in der Verschließung der Sinnesorgane Ohr und Auge. Spiegelbildlich dazu beschreibt der mit μήποτε eingeleitete Nachsatz, zunächst in aufsteigender Linie die zu befürchtenden Folgen für „Augen“, „Ohren“ und „Herz“, nämlich Blindheit, Taubheit und Nichtverstehen. Die überschießende Schlusszeile bündelt das sodann zu einem zusammenfassenden Fazit: Umkehr wird verweigert und damit eine Heilung durch Gott unmöglich gemacht[53] .

---

[52] Zur Bedeutung von ἀναπληρουν i. S. von „vollständiger Erfüllung“ von profetischen Ansagen (1Esr 1,54) s. BA z.St.

[53] Ausgehend vom LXX –Wortlaut stellt sich hier ein Problem. Die Abschlusswendung καὶ ἰάσομαι αὐτούς fällt aus dem Duktus des mit μήποτε eingeleiteten Finalsatzes nicht nur durch den Subjektswechsel heraus: Ging es vorher um menschliche Verhaltensweisen, so ist nun von einem durch diese ausgelösten Handeln Gottes die Rede. Diese Zäsur wird durch einen Wechsel der Verbformen verstärkt. Auf die Reihe der (stilgemäß durch μήποτε geforderten) ver-

V.16f: Der Makarismus bildet formal die Klimax des Abschnitts. Sein inhaltliches Gewicht gewinnt er aus dem Gegensatz zum Vorhergegangenen. Deshalb die ungewöhnliche Voranstellung des ὑμῶν δὲ: Angeredet sind nunmehr jene, deren Augen – anders als die der vorher Genannten – sehen und deren Ohren hören, also die Jünger und Jüngerinnen (vgl. V.10)[54]. Das Verstehen wird nicht mehr gesondert genannt, es darf aber wegen der sachlichen Entsprechung zu V.13 und V.16 als durch das Sehen und Hö-

---

neinenden, im Konjunktiv Aorist gehaltenen, Aussagen folgt die im Indikativ Futur und ohne Verneinung gehaltene Heilungsaussage. Eine Erklärung dieses Sachverhaltes von grammatikalischen Regeln her ist ohne weiteres möglich (vgl. B-D.R 298f): Der Indikativ Futur könnte deshalb stehen, weil er – eine gedankliche Zäsur gegenüber den vorhergegangenen negativen Aussagen markierend, zugleich aber durch das μή am Satzanfang vorbereitet – eine zu befürchtende, in der Zukunft liegende *reale Folge* dieser Aussagen benennt. Weil das Griechische real denkt, darum der Indikativ (Weitere LXX-Beispiele: Gen 3,22; Ex 1,10; Tob 3,10; 2Reg 20,6; Jdt 5,21; hierzu KARRER 258f). Ein völlig anderer Erklärungsansatz will hingegen KARRER aus der Interpretationsgeschichte von Jes 6,9f im Frühjudentum und Urchristentum entwickeln: Er versteht die abmildernde LXX-Fassung als „rélecture von Jes 6,9f mit heilvollem Schluß für Israel" (264) und sieht sie als Ausgangspunkt einer lebendigen Interpretationsgeschichte, deren Grundtendenz es gewesen sei, „den Horizont für Gottes größeres Heilshandeln zu öffnen". Sind die von ihm dafür angeführten jüdischen Belege (u.a. 4Q177, Kol. 9,3) zu punktuell und unscharf, um überzeugen zu können, so dürfte immerhin Joh 12,40 ein diskutabler Beleg für die Interpretation von Jes 6,10f im Sinne einer eschatologischen Heilung Israels sein (268). KARRER will für das lukanische Zitat von Jes 6,9f in Apg 28,26f das gleiche Verständnis reklamieren. Aber selbst wenn er damit Recht hätte, wäre es doch wohl zu gewagt, eben dieses Verständnis auch bei Matthäus vorauszusetzen. Sein Argument, Matthäus habe die Pointe aus Mk 4,12, es solle nicht vergeben werden, gestrichen und sie „völlig durch das ἰάσομαι αὐτούς ersetzt" (268 Anm. 62), geht schon deshalb fehl, weil es voraussetzt, was erst bewiesen werden müsste: nämlich dass ἰάσομαι αὐτούς für Matthäus eine Heilsaussage ist, die als solche an die Stelle der Unheilsaussage tritt. Um sie tatsächlich als solche verstehen zu können, bedürfte es eindeutigerer Hinweise durch den Kontext. Die aber fehlen.

[54] LUZ II 314: „Das Jesajazitat wird gleichsam auf den Kopf gestellt."

ren impliziert gelten: Es geht eben nicht um bloße physische Sinneswahrnehmungen, sondern um ein Sehen und ein Hören, das beim rezipierenden Menschen „ankommt", indem es sein „Herz" (V.15!) erreicht. Solches verstehendes Wahrnehmen ist heilsrelevantes Geschehen, weil es die Menschen in den Wirkbereich der βασιλεία stellt. Dieser Bezug wird durch die Bezeichnung der sehenden Augen und hörenden Ohren als μακάριοι angedeutet. Wie die Makarismen der Bergpredigt (5,3-11), so gilt auch dieser Makarismus einem menschlichen Verhalten. Doch dieses steht nicht auf sich selbst, sondern ist durch Gottes Handeln, seine heilvolle Nähe, herausgefordert und ermöglicht. Konkretisiert wird dieser Gesichtspunkt durch das abschließende, durch das formelhafte ἀμὴν λέγω ὑμῖν besonders gewichtete Jesuswort. Es rückt das Sehen und Hören der Jünger und Jüngerinnen Jesu in eine heilsgeschichtliche Perspektive: Ihnen ist ein besonderes Privileg gewährt worden, das in der Vergangenheit selbst den Profeten und Gerechten[55] in Israel versagt geblieben war. Sie haben Teil an der endzeitlichen Erfüllungssituation, die durch die Gegenwart Jesu, seine Taten und Worte, bestimmt ist[56]. Deutlich ist auch hier wieder der Rückbezug auf 11,25-27: Es ist Jesus, der seinen Jüngern und Jüngerinnen die Erkenntnis Gottes erschlossen hat. Das ist kein vergangenes Geschehen, auf das die matthäische Gemeinde nostalgisch zurückblicken müsste. Sie als die implizierte

[55] „Profeten" und „Gerechte" sind für Matthäus die typischen Repräsentanten des frommen Israel und die Glieder der gegenwärtigen Heilsgemeinde (10,41; 23,34).

[56] Geradezu als Kontrastbild zu V.16f kann PsSal 18,6-8 gelten: „Wohl denen, die leben in jenen Tagen, zu sehen die Wohltaten des Herrn, die er erweisen wird dem kommenden Geschlecht unter dem züchtigenden Stab des Gesalbten des Herrn... einen jeden anzuleiten in Werken der Gerechtigkeit in Gottesfurcht, um sie alle vor dem Herrn darzustellen" (Übers. nach HOLM-NIELSEN, S., JSHRZ IV/2, 108). Dieser inhaltlich verwandte Makarismus gilt der zukünftigen Generation, die das Heil erfahren wird, nicht der gegenwärtigen. Er ist also gleichsam aus der in V. 17 angesprochenen Perspektive heraus formuliert. Vgl. HAGNER I 375.

Leserschaft soll hier vielmehr des ihr in der Gegenwart zu Teil gewordenen Privilegs vergewissert werden, das sie vor den „Profeten und Gerechten“ der Vergangenheit auszeichnet: Sie ist zum Sehen, Hören und Verstehen berufen und bestimmt[57].

3. Auslegung von 13,18-23:
Deutung des Gleichnisses von der Aussaat

18 **Hört *ihr* aber das Gleichnis vom Sämann!**
19 **Bei jedem, der das Wort vom Reich hört und nicht versteht, kommt der Böse und raubt, was in sein Herz gesät ist. Dies ist der am Weg Gesäte.**
20 **Der aber auf den Felsboden Gesäte ist der, der das Wort hört und es sogleich mit Freuden aufnimmt;**
21 **aber er hat keine Wurzel in sich, sondern ist ein Mensch des Augenblicks, wenn aber Drangsal oder Verfolgung um des Wortes willen eintritt, kommt er sogleich zu Fall.**
22 **Der aber unter die Dornen Gesäte, das ist der, der das Wort hört, und die Sorge der Zeit und der Trug des Reichtums erstickt das Wort und es wird unfruchtbar.**
23 **Der auf das gute Land Gesäte aber ist der, der das Wort hört und versteht, der dann auch Frucht bringt, und das eine trägt hundertfach, das andere sechzigfach, das andere dreißigfach.**

So weit erkennbar, liegt Mk 4,13-20 als einzige Quelle zu Grunde. Nahezu lückenlos lassen sich sämtliche Veränderungen als redaktionell erklären. So hat Matthäus im Zuge seiner Eliminierung des markinischen Jüngerunverständnisses in V.18 die tadelnde Rückfrage Jesu (Mk 4,13) getilgt und durch eine neutrale Übergangsbemerkung (Υμεῖς οὖν ἀκούσατε τὴν παραβολήν) ersetzt. Die Unentschiedenheit der Vorlage, die den Samen teils mit dem in die

[57] Gegen LUZ II 315, der die durch V. 17 markierte heilsgeschichtliche Differenz einebnet.

Menschen gesäten Wort Gottes, teils aber auch mit den in die Welt gesäten Menschen identifizierte, hat er zugunsten der zweiten Alternative abgeschwächt, indem er die direkte Gleichsetzung von Same und Wort Gottes (Mk 4,15) eliminierte[58]. Völlig beseitigt hat er sie jedoch nicht. Redaktion ist ferner die Ersetzung des Plurals bei der Erwähnung des Samens durch den Singular, die eine individualisierende Sichtweise einbringt, sowie die Einfügung der beiden für den matthäischen Kontext so wichtigen Motive des Verstehens (V.19.23: συνιεὶς) und des Tuns (V.23). Die gegenüber Markus veränderte Abfolge der Ertragszahlen (V.23) entspricht V.8. Die Erwähnung des Herzens (V.20; vgl. Lk 8,12), stellt zwar ein auffälliges minor agreement dar, berechtigt aber schwerlich zur Annahme einer weiteren schriftlichen Vorlage neben Markus. Vielmehr dürfte es sich um einen naheliegenden, unabhängig durch Matthäus und Lk vorgenommen Klärungsversuch handeln, der bei Matthäus überdies durch das vorhergegangene Jesajazitat (V.15) provoziert war.

In Aufbau und Duktus folgt die Deutung genau dem Gleichnis. Aber anders als dieses richtet sie ihren Blick nicht auf den Gesamtverlauf der erzählten Geschichte, um Hörer bzw. Leser daraus Folgerungen ziehen zu lassen. Sie verweilt vielmehr bei deren Einzelheiten, um deren Bedeutung jeweils Schritt für Schritt aus der Bildwelt in die Lebenswelt der Hörer bzw. Leser zu übertragen. Es handelt sich also zweifellos um eine allegorisierende Interpretation. Angesichts der nahtlosen Übereinstimmung dieser Deutung mit dem Gleichnis und ihrer festen Verwurzelung in der Überlieferung ist die Frage ihrer möglichen Herkunft von Jesus selbst immer wieder gestellt worden[59]. Sie positiv zu beantworten, dürfte sich jedoch aus mehreren Gründen

---

[58] Eine Vereindeutigung in diesem Sinn ist es, wenn Matthäus οὗτοι δέ εἰσιν οἱ παρὰ τὴν ὁδόν (Mk 4,15) in den Singular transponiert und auf das vorhergegangene αὐτοῦ rückbezieht (V.15).

[59] Jesuanische Herkunft nahmen zuletzt an: GERHARDSSON, B., The Parable of the Sower and its Interpretation, NTS 14 (1967/68) 165-193; DAVIES/ALLISON II 397f; HAGNER I 377.

verbieten. Dem lange Zeit die Diskussion beherrschenden Gegenargument, allegorisierende Züge seien den Gleichnissen Jesu fremd, weil sie dem Wesen der auf Öffentlichkeit und unmittelbare Verständlichkeit abzielenden Verkündigung Jesu widersprächen, wird man dabei nur noch ein relativ geringes Gewicht zubilligen. Denn die moderne Gleichnisforschung hat gezeigt, dass die Gleichnisse Jesu keineswegs streng auf einen einzigen Vergleichspunkt hin konstruiert sind, sowie auch, dass die Grenze zwischen konventionalisierten Metaphern, die sich durchweg in diesen Gleichnissen finden, und allegorischen Zügen durchaus fließend ist[60]. Sofern aus Einzelzügen einer Erzählung „sprechende" Metaphern gewonnen werden, die geeignet sind, die gemeinte Sache ins Licht zu setzen, ist auch allegorische Rede nicht verschlüsselte, esoterische Rede, sondern Rede im Klartext. Es sind vor allem drei andere Gründe, die gegen eine Autorschaft Jesu sprechen:

(1.) Die *eschatologische Leitthematik* des Gleichnisses ist in der Deutung von einer *ekklesiologischen Leitthematik* ersetzt, die sich sonst bei Jesus nicht findet. Ging es dort im Gleichnis um das gegenwärtige Geschehen der machtvollen Durchsetzung der βασιλεία trotz Widerständen und entmutigenden Misserfolgen, so geht es in der Deutung um die Vorbereitung von Menschen auf die Heilszukunft[61]. Die Gegenwart ist dabei als eine Zeit der Vorbereitung auf noch Ausstehendes gesehen.

(2.) *Sprache und Terminologie verweisen in die nachösterliche Gemeinde*: So vor allem das absolute „das Wort" als terminus für die missionarische Evangeliumsverkündigung und – damit zusammenhängend – die Anklänge an im Urchristentum geläufige Bilder vom Pflanzen (1Kor 3,6) und Wachsen und Fruchtbringen (καρποφορεῖν Röm 7,4f; Kol 1,10) des Evangeliums hat.

(3.) Ist das Thema des Gleichnisses das Heilsgeschehen

---

[60] WEDER 112f

[61] Damit ist die Deutung keineswegs enteschatologisiert. Die Eschatologie hat vielmehr einen anderen Ort erhalten.

selbst, so geht es in der Deutung um dessen Konsequenzen für die Gemeinde und deren einzelne Glieder. Die Deutung ist also *paränetisch akzentuiert.* Damit liegt sie auf der generellen Linie gemeindlicher Weiterdeutung der Gleichnisse Jesu, die diese auf die neue nachösterliche Situation anzuwenden suchte und ihnen Weisungen für Leben und Verhalten der Gläubigen abzugewinnen suchte.
Bruchlos fügt sich der Abschnitt an das Vorherige an. Das dort über das Sehen, Hören und Verstehen der Jünger – und damit der christlichen Gemeinde – Gesagte wird jetzt unter Rückgriff auf das Aussaatgleichnis exemplifiziert und konkretisiert. Es ist keineswegs ein Nicht-Verstehen der Jünger, das Jesus zur Deutung des Gleichnisses veranlasst. Indem er es für sie deutet, spricht er vielmehr das aus, was den Jüngern, weil sie in seiner Gemeinschaft sind, grundsätzlich bereits erschlossen ist. So bieten V.18-23 gewissermaßen ein ausgeführtes Modell für jenes Deuten und Verstehen von Botschaft und Geschichte Jesu, wie es der Gemeinde möglich und wie es für sie nötig ist. Es ist ein Verstehen und Deuten, in das sich die Gemeinde in ihrer Gesamtheit sowie jedes einzelne ihrer Glieder einbringt. Im vorliegenden Fall heißt dies: die Jünger und Jüngerinnen Jesu haben das Gleichnis nur verstanden, wenn sie es als Herausforderung zu einer ganz individuellen kritischen Bestimmung ihrer konkreten Situation innerhalb der Heilsgemeinde hören. Für reformatorische Theologie liegt es nahe, mit DIETRICH BONHOEFFER in solcher Selbstreflexion die Gefahr pietistischer Gesetzlichkeit zu wittern[62]. Das ist zwar, wie die Auslegungsgeschichte zeigt, nicht ganz unbegründet. Matthäus selbst ist jedoch solcher Gefahr dadurch entgangen, dass er die Gleichnisdeutung in den Horizont jener Gemeinschaft stellt, die Jesus seinen Jüngern bereits gewährt hat. Die Aufforderung zu kritischer Ortsbestimmung ist Teil eben jener Botschaft, die zu hören und zu verstehen Privileg der Jünger ist.
Im Übrigen reflektiert der Abschnitt das Grundanliegen

---

[62] BONHOEFFER, D., Ges. Schriften II, München 1959, 590.

matthäischer Ekklesiologie, nämlich die Unterscheidung zwischen der gegenwärtigen Kirche und der zukünftigen βασιλεία. Die Jünger und Jüngerinnen sind zwar berufen, aber noch nicht zur Teilnahme am kommenden Heil auserwählt. Entscheidend ist darum für sie, dass sie von den ihnen kraft ihrer Berufung eröffneten Möglichkeiten des Hörens, Verstehens und – vor allem – des gehorsamen Tuns Gebrauch machen. So gewiss Jüngerschaft Berufung voraussetzt, so gewiss findet sie ihr Ziel erst im Fruchtbringen und Tun (V.23; vgl. 7,16-23). Die Deutung geht an den vier im Gleichnis aneinander gereihten Szenen entlang, um anhand von ihnen vier Möglichkeiten des Verhaltens von Gliedern der Gemeinde gegenüber dem λόγος τῆς βασιλεῖας, d.h. der Botschaft von der kommenden Gottesherrschaft aufzuzeigen. Die drei ersten sind negativ qualifiziert, nur die letzte ist positiv. Dass auch die drei ersten innerhalb der Gemeinde ihren Raum haben – sozusagen als unmögliche Möglichkeiten –, ist Matthäus dabei wichtig. Es geht hier keineswegs um den schaudernden Blick aus einem gesicherten Innenraum nach „draußen“, auf das ohnehin nicht hören und verstehen könnende Volk, sondern um den kritischen Blick auf die je eigene Existenz der Christen. Dabei mag es zunächst als ein logischer Widerspruch erscheinen, wenn hier, nachdem unmittelbar vorher Hören und Verstehen eng miteinander verbunden als von Gott geschenkte Gaben dargestellt worden waren, nicht nur von einem Hören die Rede ist, das nicht zum Verstehen führt (V.18), sondern darüber hinaus das Verstehen als Folge einer bestimmten Lebenshaltung herausgestellt wird (V.23). Aber Matthäus trägt damit nur der Prozesshaftigkeit der christlichen Existenz Rechnung: Das von Gott den Jüngern geschenkte Hören drängt zwar auf verstehende Aneignung des Gehörten und damit auf Tun und Gehorsam. Doch diese wird nicht punktuell, sondern im Verlauf von wechselhaften Lebensprozessen entweder realisiert, oder – so die Szenen 2 und 3 – verfehlt. Wobei auch die Realisierung nur unterschiedlich gelingt, wie die abfallende Linie der Ertragsmeldungen in V.23 anzudeuten scheint.

Matthäus ist realistisch genug, um nicht mit hundertprozentig gelungenen christlichen Existenzen zu rechnen.

V.18: Dieser Vers ist eine knappe Überleitung, die unmittelbar an das Vorherige anknüpft. Das vorangestellte emphatische ὑμεῖς setzt den Gegensatz zu den ἐκεῖνοι (V.11) voraus: So hört ihr doch wenigstens, wenn jene schon nicht hören können! Das Gleichnis erhält nun auch einen Namen: „Gleichnis vom Sämann", der mindestens insofern irreführend ist, als in der folgenden Deutung die Gestalt des Sämanns eine noch geringere Rolle spielt als im Gleichnis selbst. Matthäus allerdings mag damit einen auf V.37 vorausverweisenden christologischen Bezug verbinden.

V. 19 (Szene 1)**:** Das Interesse des Matthäus gilt den unterschiedlichen Schicksalen einzelner Menschen in ihrer Begegnung mit dem Wort. Auf einen bestimmten Menschentyp (und nicht, wie Markus auf das Wort selbst) lenkt darum gleich seine Anfangsformulierung den Blick mit der Gen. abs. Formulierung πάντος ἀκούοντος τὸν λόγον τῆς βασιλείας[63]. Die leitende Tendenz, die verschiedenen Menschen als die „Gesäten" zu verstehen, die querständig zum Duktus der vorgegebenen Erzählung ist, wird in der erklärenden Nachbemerkung οὗτός ἐστιν ὁ παρὰ τὴν ὁδὸν σπαρείς verdeutlicht. Mit der nur hier erscheinenden Wendung „das Wort vom Reich"[64] soll offensichtlich an die βασιλεία als das Leitthema der gesamten Rede erinnern. Der Teufel – hier wie nachher in V.38 ὁ πονηρός

[63] Dabei überlässt es die ungewöhnliche casus-pendens-Konstruktion dem Leser, die Beziehung zwischen ihr und dem folgenden Aussagesatz in dem Sinn von V.19b zu präzisieren. Spiegelt sich in dieser sprachlichen Unschärfe die nicht ganz bewältigte Schwierigkeit der Veränderung des sachlichen Bezugs?

[64] Sie ist äquivalent zu „Evangelium vom Reich" (4,23; 9,35; 24,14) und umschreibt Verkündigung und Lehre Jesu in ihrer Gesamtheit; vgl. LUZ II 316.

genannt[65] – reißt das Wort aus dem Herzen der diesem Typus zugehörigen Menschen und erscheint so als personhafter Kontrahent des Wortes und damit Gottes selbst. Seine Assoziation mit dem Bild des Vogels knüpft an geläufige jüdische Vorstellungen an[66]. Matthäus differenziert genau: Es geht um Menschen, die das Wort gehört haben – und zwar nicht nur flüchtig und mit innerer Distanz. Es ist bereits in ihrem Herzen angekommen, hat also ihr Personzentrum berührt. Trotzdem kam es zu keinem Verstehen, keiner existentiellen Wirkung des Wortes. Solche Beschreibung reflektiert offensichtlich die Erfahrung der Gemeinde mit manchen Neubekehrten (vgl. 1Tim 3,6).

V.20f (Szene 2)**:** Der Menschentyp, dessen Geschick nunmehr geschildert wird, findet sich ebenfalls unter den Neubekehrten. Und doch unterscheidet er sich vom ersten. Er ist der schnell für eine Sache entflammte Enthusiast: „sogleich" nimmt er „mit Freude" das Wort an (vgl. 1Thess 1,6). Das Hören der Heilsbotschaft löst bei ihm eine spontane Lebenswende aus. Doch diese ist nicht von Bestand. Wie die junge Pflanze, deren Wurzeln auf das Felsgestein stoßen[67], kraftlos wird und verkümmert, so auch er[68]. Und zwar sind es die *äußeren Widerstände*, mit denen er sich als Glied der Gemeinde konfrontiert sieht, jene Bedrängnisse (θλίψεις) seitens einer feindlichen Umwelt, auf die Matthäus so häufig als einen die Lebenswirklichkeit seiner Kirche maßgeblich prägenden Faktor ins Bild rückt (5,10-12; 10,23; 23,34). Dabei denkt er schwerlich an organisierte Sanktionen größeren Stils gegen die Christen, sondern eher an Erfahrungen von Anfeindung, Diskriminierung und

[65] In 5,39 und 6,13 ist hingegen die Wortbedeutung neutrisch („das Böse"); hierzu HARDER, G., ThWNT VI 552.

[66] Jub 11,11f; Apk Abr 13,3-7; hierzu KLAUCK 201.

[67] Vgl. Sir 40,15: „die Wurzel des Ruchlosen liegt auf einem Felsenriff."

[68] Die in jüdischer Tradition geläufige Metaphorik von Pflanze und Wurzel war geeignet, eine Fülle von negativen (Jes 4,24; Jer 40,24; Sir 23,25; 40,15) wie auch von positiven (Ps 1,3; Ez 31,2-5) Assoziationen wach zu rufen. Weitere Belege: KLAUCK (1979) 195.

Ausgrenzung, die er freilich in eine umfassende eschatologische Perspektive stellt und als den Endzeitwehen zugehörig deutet (24,8).

V. 22 (Szene 3)**:** Bei dem nächsten der beschriebenen Menschentypen handelt es sich offensichtlich nicht um den Neubekehrten, dessen Glaube ebenso schnell vergeht, wie er entstanden war, sondern um den Christen, dessen Bereitschaft zum Hören des „Wortes" im Verlauf eines länger andauernden Prozesses gleichsam „erstickt" wird. Das Bild der Dornen[69], die den Wachstumswettstreit mit der edlen Saat gewinnen, will gezielt als Hinweis auf Faktoren verstanden werden, die in Konkurrenz zum „Wort" stehen und sich ihm gegenüber – was die Wirkung auf die hier in den Blick genommene Menschengruppe anlangt – auf die Dauer als übermächtig erweisen. Von den beiden Faktoren, die dabei konkret benannt werden, ist der erste eher allgemein gehalten. Er besteht aus „den Sorgen, die das Leben in der Welt bereithält"[70]. Christlicher Glaube ist Teil des Alltagslebens geworden. Kann er sich gegenüber den alltäglichen Problemen, die das Leben in der weitergehenden Welt stellt, als der zentrale, bestimmende Faktor christlicher Existenz behaupten – oder wird er von ihnen zurückgedrängt und schließlich erdrückt? Dieses für die dritte christliche Generation zentrale Problem wird hier angesprochen. Der zweite Faktor markiert gewissermaßen einen Teilbereich des ersten, in dem sich dieses Problem in besonderer Weise konkretisiert, nämlich den Umgang mit Reichtum und Besitz. Reichtum „verführt" den Menschen dazu, sich an ihn

---

[69] Dornen als stehende Metapher für das Böse: Gen 3,18; Jer 12,13; Nah 1,10. Weiteres Material: KLAUCK (1979) 195f.

[70] HOLTZ, T., EWNT 111. Αιών bezeichnet hier die Welt nicht als räumlichen Bereich, sondern als zeitlich qualifizierte – und das heißt: als der Erfahrung von Geschichte Raum gebende – Größe. Der apokalyptische Dualismus von gegenwärtigem und zukünftigem αἰών spielt hier ursprünglich keine Rolle; das in diesem Sinne deutende τοῦτου, erscheint zwar in der überwiegenden Mehrzahl der HSS (z. B. א[1], , C, L, W, Θ), ist jedoch zweifellos erst sekundär eingetragen.

zu binden, indem er ihm die Möglichkeit von Lebenssicherung vorgaukelt (vgl. 6,19-21)[71]. Indem er die Rolle als zentral existenzbestimmender Faktor usurpiert, tritt er an die Stelle der Bindung an die βασιλεία. Ein zentrales Problem frühchristlicher Ethik wird hier angesprochen (vgl. 1Tim 6,17-19; Jak 1,10).

V. 23 (Szene 4)**:** Nach all den Schilderungen von Misserfolg und Scheitern ist am Ende nun auch vom Gelingen die Rede. Doch dies ist kein Finale, das in seiner uneingeschränkten Positivität das vorhergegangene Negative übertönen und vergessen machen könnte. In seiner Schilderung des vierten Menschentyps, der – dem auf gutes Land fallenden Samen gleich – Frucht bringt, ist es eher eines von nachdenklicher Verhaltenheit. „Frucht" (καρπός) ist im Urchristentum geläufige Metapher für den Ertrag der Verkündigung des Evangeliums (Röm 1,13; Phil 1,22; Kol 1,6; Joh 15,5). Bei Matthäus gewinnt sie jedoch eine ganz spezifische Bedeutung: καρπός ist das Tun des von Jesus Gebotenen, der Gehorsam gegenüber seiner βασιλεία-Verkündigung im alltäglichen Lebensvollzug. So erklärt er denn auch καρποφορεῖ durch das hinzugefügte καὶ ποιεῖ. Hören, Verstehen und Tun bilden eine unauflösliche Einheit. Nur bei dem Menschen ist das Wort angekommen, der das in ihm Geforderte tut. Und nur der es tut, vermag es wirklich zu verstehen. Solche Einheit von Verstehen und Tun ist das Signum von Jüngerschaft. Indem er das herausstellt, ist dieser Text „recht eigentlich der Grundtext matthäischer Hermeneutik"[72]. Zugleich gibt er jedoch zu verstehen: Solches Tun ist niemals vollkommen, sein Ertrag bleibt fast immer hinter dem zu erwartenden vollen Maß zurück.

---

[71] Zu Gebrauch von ἀπάτη im Sinn von „Betrug", „Täuschung" vgl. Kol 2,8; 2Thess 2,10; Hebr 3,13. BAUER-ALAND 163. Die ebenfalls mögliche Bedeutung „Lust" wird zwar von lat. Textzeugen (it b c g h q: voluptas) sowie indirekt von Lk 8,14 nahegelegt, dürfte hier jedoch ausscheiden.

[72] LUZ II 318.

4. Auslegung von 13,24-30: Das Gleichnis vom Unkraut

24 **Ein anderes Gleichnis legte er ihnen vor und sprach: Mit dem Himmelreich steht es wie mit einem Mann, der guten Samen auf seinem Acker säte.**
25 **Während aber die Menschen schliefen, kam sein Feind und säte Lolch mitten in den Weizen und ging weg.**
26 **Als aber die Halme sprossten und Frucht ansetzten, wurde auch der Lolch sichtbar.**
27 **Da kamen die Knechte des Hausherrn und sagten zu ihm: „Herr, hast du nicht guten Samen auf deinem A-cker gesät? Woher hat er nun Lolch?“**
28 **Er aber sagte zu ihnen: „Ein feindlicher Mensch hat das getan“. Da sagten die Knechte zu ihm: „Willst du nun, dass wir hingehen und ihn zusammenlesen?“**
29 **Er aber spricht: „Nein, sonst reißt ihr beim Zusammenlesen des Lolchs auch noch zugleich mit ihm den Weizen aus!**
30 **Lasst beides zusammen wachsen bis zur Ernte. Und zur Erntezeit werde ich den Schnittern sagen: Lest zuerst den Lolch zusammen und bindet ihn in Bündel, um ihn zu verbrennen; den Weizen aber sammelt in meine Scheune!“**

Das Gleichnis ist Sondergut des Matthäus. Sucht man eine Antwort auf die in der Forschung außerordentlich umstrittene Frage nach seiner Herkunft und seinem traditionsgeschichtlichen Hintergrund, so hat man drei Faktoren mit zu berücksichtigen:
(1.) den Zusammenhang mit der nachfolgenden Deutung,
(2.) die offensichtliche formale Nähe zu dem von Matthäus ausgelassenen Gleichnis von der selbstwachsenden Saat (Mk 4,26-29), sowie
(3.) das Vorhandensein einer Parallele im Thomasevangelium (Logion 57).
Die Möglichkeit, dass sowohl Gleichnis wie auch Deutung

auf Jesus zurückgehen[73], muss schon angesichts der inhaltlichen Differenzen zwischen beiden ausscheiden. Für jesuanische Herkunft des Gleichnisses selbst hingegen könnte auf den ersten Blick sprechen, dass es als klassische Parabel mit seinem dramatischen Erzählstil auf der Linie der Parabeln Jesu zu liegen scheint[74]. Allein, bei näherem Zusehen wird das zweifelhaft. Anders als die sonstigen Parabeln Jesu gibt es hier keinen linearen dramatischen Verlauf auf die Schlusspointe hin, also von der Aussaat bis zur Ernte[75]. Es besteht vielmehr aus einer dramatischen Exposition (V.24-27a) und einer Lehrrede (V.27b-30), in der der Hausherr seine Absicht hinsichtlich des in der Zukunft liegenden Erntevollzugs darlegt. Hinzu kommt, dass es eine Reihe von Brüchen und Spannungen aufweist: So ist in V.26 bereits vom Fruchtbringen des Weizens die Rede, die Ernte scheint also unmittelbar nahe; demgegenüber liegt nach V.30 das Wachsen – und damit das Fruchtbringen – erst in der Zukunft. Während in V.27f die δοῦλοι τοῦ οἰκοδεσπότου als die für die Ernte Zuständigen auftreten, spricht V.30 von einem Erntevollzug durch θερίσται, so dass der Eindruck entsteht, als handle es sich dabei um einen anderen Personenkreis. Ferner ist das Gleichnis weithin durch matthäische Spracheigentümlichkeiten geprägt. Läge eine ursprüngliche Parabel Jesu zu Grunde, so müsste diese nach alledem fast bis zur Unkenntlichkeit durch sekundär eingetragene allegorische Bezüge überlagert worden sein. Die bisher unternommenen Dekompositionsver-

---

[73] So zuletzt SAND 258 im Anschluss an GOEDT, M. DE, L'explication de la parabole de l'ivraire, RB 66 (1959) 32-54.

[74] So JEREMIAS, Gleichnisse 221ff; KINGSBURY, Parables 65; SCHWEIZER Mt 197; WEDER 120-128; WIEFEL 253.

[75] Ausleger, die für die jesuanische Herkunft des Gleichnisses eintreten, versuchen deshalb, durch Dekomposition, den von ihnen postulierten linearen dramatischen Verlauf des ursprünglichen Jesusgleichnisses zu rekonstruieren. So umfasste der Grundbestand nach KINGSBURY 65: V.24b-26; nach SCHWEIZER 197: V.24.26.28b-29; nach WEDER: V.24b.26.30b. Kritisch dazu: LUZ II 322f; LUOMANEN 129.

suche bestätigen auf Grund ihrer Unterschiedlichkeit dieses Urteil. Mehr oder weniger gemeinsam ist ihnen lediglich das Postulat einer ursprünglichen Parabel, mit der Jesus kritisch Stellung bezogen habe gegen Versuche Johannes des Täufers sowie qumranisch bestimmter Kreise des Judentums, durch Aussonderung der Gottlosen bereits in der Gegenwart das endzeitlich gereinigte reine Israel herzustellen. Aber das ist eher unwahrscheinlich. Jesus hat zwar auf eine Scheidung von Gerechten und Ungerechten bei seinem Wirken verzichtet, und er hat seine Jüngerschaft nicht zu einer Separation aus Israel aufgerufen. Dies jedoch nicht, um die Existenz der Ungerechten zu tolerieren, sondern um sie durch sein Wirken für die Gottesherrschaft zu gewinnen.

Sollte also das Gleichnis mitsamt seiner Deutung von Matthäus selbst frei geschaffen worden sein[76]? Das Hauptargument für diese Lösung ist die Nähe zu Mk 4,26-29: Beiden Gleichnissen sind die Stufen Aussaat, Reifen und Ernte sowie das Motiv des nächtlichen Schlafens gemeinsam. Daneben gibt es auffällige terminologische Übereinstimmungen: ἄνθρωπος, καθεύδειν, βλαστᾶν, χόρτος, σῖτος, θερισμός. Matthäus hätte demnach das Gleichnis von der selbstwachsenden Saat, dessen quietistische Grundlinie seiner Sicht des Heilsgeschehens fundamental widersprach, zwar nicht ersatzlos gestrichen, weil es seiner Gemeinde bereits bekannt war. Er hätte es jedoch so umgeschrieben, wie das seinem eigenen Verständnis der Zeit zwischen Aussaat und Ernte, zwischen dem Auftreten Jesu und dem Gericht als einer dramatisch durch die Gegenwart des Bösen mitbestimmten Epoche, entsprach. Völlig undenkbar wäre das nicht. Doch gibt es gewichtige Gegengründe. So ist es nicht die Art des Matthäus, Gleichnisse zu erfinden bzw. so weitgehend umzugestalten[77]. Von einem so bewusst gestaltenden Autor wie Matthäus wäre auch zu er-

---

[76] So u.a. GRÄßER, Parusieverzögerung 145-148; LUOMANEN 127-130.

[77] DAVIES/ALLISON II 409.

warten gewesen, dass er als Autor das Gleichnis sehr viel bruchloser auf die Deutung hin konzipiert hätte.

Die wahrscheinlichste Lösung dürfte demnach sein: Matthäus hat das Gleichnis aus der in seiner Gemeinde umlaufenden mündlichen Überlieferung übernommen. Bereits in der vormatthäischen judenchristlichen Gemeindetradition war es zu einer Umprägung des Gleichnisses von der selbstwachsenden Saat zu einem Gleichnis „vom trotz Gefährdung und Bedrohung zur Ernte führenden Wachstum der Saat“ gekommen[78]. Matthäus hat es dann redaktionell noch an einigen Punkten überarbeitet, wobei es ihm nicht nur um Kongruenz mit der nachfolgenden Deutung, sondern darüber hinaus auch um Eingliederung in den Gesamtduktus der Rede gegangen sein dürfte.

Die Fassung des Gleichnisses in EvTh 57 gibt den Grundduktus der matthäischen Version in stark verkürzter Form wieder, lässt jedoch die matthäische Gleichnisdeutung unberücksichtigt[79]. Das könnte für die Möglichkeit sprechen, dass ihr als Quelle nicht das Matthäusevangelium selbst, sondern die von uns vorausgesetzte mündliche Urform zu Grunde gelegen hätte. Sicher ist das freilich nicht.

Die folgende Auslegung nimmt primär die Bildhälfte in den Blick. Das Gleichnis besteht aus zwei Teilen, einer relativ knapp gehaltenen Exposition, die berichtet, wie es zu einer krisenhaften Situation kam (V.24-26), und einem ausführlichen doppelten Gesprächsgang, dessen Themen die

---

[78] Ähnlich LUZ II 323; DAVIES/ALLISON 409f.

[79] „Jesus sprach: Das Reich des Vaters gleicht einem Manne, der einen [guten] Samen hatte. Sein Feind kam des Nachts. Er säte Lolch unter den guten Samen. Der Mann ließ sie nicht ausreißen den Lolch. Er sprach zu ihnen: Damit ihr nicht hingeht, sagend: Wir werden den Lolch ausreißen!, und mit ihm den Weizen ausreißt. Am Tage des Erntens nämlich wird der Lolch offenbar werden. Man wird ihn herausreißen und verbrennen.“ Die einzige substantielle Veränderung, nämlich die Verborgenheit des Lolchs vor der „Ernte“ – ist ein gnostisierender Zug: Der wahre Gnostiker ist vor dem Ende nicht erkennbar. Hierzu SCHRAGE, W., Das Verhältnis des Thomasevangeliums zur synoptischen Tradition und zu den koptischen Evangelienübersetzungen, Berlin 1964 (BZNW 29)126.

Ursache dieser Situation und deren Bewältigung sind (V.27-30). Inhaltlich geht es um einen Geschehensverlauf zwischen einem Anfangspunkt – der Aussaat – und einem Endpunkt – der Ernte. Aber dieser wird weder als lineares zeitliches Kontinuum dargestellt, noch werden katastrophaler Anfang und erfolgreiches Ende unmittelbar kontrastiert. Der erzählte Geschehensverlauf endet vielmehr mit dem doppelten Gesprächsgang zwischen dem Hausherrn und seinen Knechten. Vom weiteren Geschehensfortgang auf die Ernte hin erfahren wir nur durch die Rede des Hausherrn, die den Charakter einer Lehrrede hat (V.28-30). Deren Adressaten in der erzählten Welt sind die Knechte. Auf der Kommunikationsebene des Evangeliums sind es hingegen die Leserinnen und Leser. Sich mit den Knechten zu identifizieren wird ihnen dadurch erleichtert, dass die Erzählung umgekehrt eine Identifikation des οἰκοδεσπότης mit Jesus nahelegt: Er, der mit κύριε angeredet wird, ist ja zugleich der „Mensch", der den guten Samen ausgesät hat (V.24), und dass dieser „Mensch" kein anderer als der „Menschensohn" ist, wird in V.37 endgültig klar gestellt, nachdem es bereits durch V.3 und V.18 angedeutet worden war. Ihm gegenübergestellt ist ein „Feind" (V.25), bzw. ein „feindlicher Mensch" (V.28), der ihm in einer nächtlichen Aktion Lolchsamen unter die Weizensaat auf seinen Acker streut mit der bösen Absicht, seine Ernte zu vernichten. Eine nähere Charakteristik dieses Feindes unterbleibt – sie wird in der Deutung nachgeholt (V.39). Nicht er ist jedoch der Kontrahent des Hausherrn. Folgt man dem Aufbau der Erzählung, so stellt sich heraus, dass die Knechte seine Kontrahenten sind. Das Spannungsmoment und damit die Pointe liegt nämlich in seiner Reaktion auf deren Fragen. Überraschend ist zunächst die *Gelassenheit*, mit der er das Vorhandensein des Unkrauts auf „seinem Acker" hinnimmt. Setzt die aufgeregte Frage nach dessen Woher voraus, dass nur er selbst auf seinem Eigentum säen kann und darf (V.27), so konstatiert er es unaufgeregt als Tatsache, dass sein Feind eben dort ebenfalls gesät hat. Noch überraschender ist, dass er das Angebot der Knechte, den Lolch alsbald aus dem Acker zu entfernen, als unrealistisch zurückweist, um statt dessen eine *Koexistenz*, ein „miteinander Wachsen" von Weizen und Lolch bis zur Ernte als reale Gegebenheit ins Auge zu fassen (V.30a). Und noch ein weiteres Überraschungsmoment ist die ungebrochene *Zuversicht*, mit der er die Ernte erwartet. Die Frage, ob auf dem verunkrauteten Acker überhaupt noch Ernte möglich sein und wie groß deren Ertrag sein wird, stellt sich hier (anders als in V.18-23) nicht. *Dass* es zu einer Ernte kommen wird – und zwar trotz des Unkrauts – darauf allein kommt es dem Hausherrn an[80].

Die Grundaussage des Gleichnisses von der selbstwachsenden Saat (Mk 4,26-29), dass die Saat der Botschaft Jesu unaufhaltsam der Ernte des vollendeten Reiches entgegenwächst, wird also keineswegs zurückgenommen. Sie wird vielmehr präzisiert und verteidigt gegenüber den Zweifeln und Bedenken, die in der Gemeinde durch die Erfahrung der bleibenden, ja scheinbar zunehmenden Macht des Widerstandes und des Bösen entstanden sind. Während die Menschen „schlafen", ist die gottfeindliche Macht am Werk und streut ihre Saat aus. Ja, es hat den Anschein, als sei sie allein aktiv. Dieses Gleichnis setzt dieser verzagten menschlichen Sichtweise des Entweder-Oder die *Perspektive Gottes* entgegen: In ihr hat auch das Böse seinen Raum, aber beherrschend ist in ihr die gelassene Zuversicht auf die kommende Ernte und deren unangefochtenes Gelingen. In dieser Perspektive Gottes spielt bezeichnenderweise die Frage nach einer innerweltlichen oder gar einer innermenschlichen Auseinandersetzung zwischen Gut und Böse nicht die geringste Rolle. Es bleibt bei dem συναυξάνεσθαι von Unkraut und Weizen. Den Knechten wird das Jäten des Lolchs ausdrücklich untersagt. Erst bei der Ernte wird das Unkraut vom Weizen getrennt. Selbst von der unter derartigen Verhältnissen zu erwartenden qua-

---

[80] Richtig SCHWEIZER Mt 198: „Dennoch liegt eine große Zuversicht über dem ganzen Gleichnis. Dass der Weizen nach dem Willen des Herrn reif wird, steht außer Zweifel."

litativen und quantitativen Beeinträchtigung der Weizenernte erfahren wir nichts. Mit dem anthropologischen Dualismus von Qumran mit seinen Spekulationen über die Situation des Menschen zwischen den Bereichen der beiden Geister von Wahrheit und Frevel, Licht und Finsternis (1QS IV 15-26) hat diese Perspektive nur wenig gemeinsam[81]. Und was die Vermutung anlangt, das Gleichnis habe eine aktuelle Stoßrichtung gegen Tendenzen in der Gemeinde, bereits in der Gegenwart eine scharfe Trennlinie zwischen Unkraut und Weizen zu ziehen und die nicht dem Heilsbereich Zugehörigen auszusondern, so steht sie auf schwachen Füßen. Ginge es, wie ULRICH LUZ vermutet, um das Verhältnis der Gemeinde „zum nicht-christusgläubigen Teil Israels“[82], so wäre zumindest ein Hinweis auf die ursprüngliche Zusammengehörigkeit beider Gruppen zu erwarten[83]. Noch weniger dürfte es hier um eine Abweisung von Versuchen, eine reine Gemeinde herzustellen, gehen. Die in der protestantischen Tradition beliebte Auslegung des Gleichnisses als Grundbeleg für das Verständnis der Kirche als *corpus permixtum* geht schon deshalb fehl[84], weil der „Acker“ weder bei Matthäus noch sonst im NT als ekklesiologische Metapher gebraucht wird. In V.38 deutet er den Acker auf die Welt, nicht auf die Kirche. Warum also nicht auch hier?[85]

V.24: führt zurück in die Ausgangssituation (V.2), ohne dies besonders zu vermerken: Dieses und die beiden fol-

---

[81] Die Gemeinsamkeit beschränkt sich auf die Erwartung der Vernichtung des negativen Bereichs und des endgültigen Hervortretens der Wahrheit im Endgericht (1QS IV 19f).

[82] LUZ II 325.

[83] Die Erwähnung des Ackers des Hausherrn, auf dem Unkraut und Weizen zunächst gemeinsam wachsen, liefert diesen Hinweis kaum, denn ἄγρος ist keine geläufige Gottesvolk-Metapher.

[84] Hierzu DAVIES/ALLISON 408f; HAGNER, Mt I 382; LUOMANEN 135f.

[85] Im Übrigen hat Matthäus durchaus die Exkommunikation als Praxis seiner Kirche bejaht. Diese Kirche „did not wait for the eschaton to sort the good from the bad.“ (DAVIES/ALLISON 409).

genden Gleichnisse spricht Jesus nun wieder nicht nur zu den Jüngern, sondern *auch* zur Volksmenge. Die von Matthäus geschaffenen, etwas umständlichen Einführungsformulierungen aller drei Gleichnisse sind nahezu gleichlautend: „Ein anderes Gleichnis legte er ihnen vor“ (V.24.31) bzw. „...sagte er ihnen“ (V.33). Die dadurch geweckte Erwartung einer besonderen inhaltlichen Zusammengehörigkeit wird jedoch allenfalls vom Senfkorn- und vom Sauerteiggleichnis eingelöst[86]. Das Unkrautgleichnis fällt nicht nur durch seine Bildwelt, sondern auch durch den Umstand, dass es als einziges der Gruppe eine Deutung hat, aus dem Rahmen. Erstmals wird die Himmelsherrschaft als Thema der Gleichnisse direkt genannt (doch vgl. V. 11.18). Und zwar ist sie durch das Prädikat ὡμοιώθη mit dem im Dativ stehenden Themastichwort des Gleichnisses (ἄνθρωπος) verbunden. Es ist dies eine für viele Gleichnisanfänge typische formelhafte Redeweise: Der Dativ leitet über zu einem *Sachverhalt*, mit dem die βασιλεία verglichen werden soll[87]. Also: „Es steht mit ihr, wie mit...“, „es verhält sich mit ihr, wie mit...“ Nicht mit dem „Menschen“ wird verglichen, sondern mit dem erzählten Geschehen, mit dem also, was sich auf dem Acker dieses „Menschen“ ereignet. Es beginnt ganz normal, damit nämlich, dass der Eigentümer auf ihm „guten Samen“, also Weizenkörner, ausstreut.

V.25: Sogleich aber kommt es zu einer großen Störung. Jemand – wohl ein verfeindeter Nachbar – spielt dem Eigentümer einen bösen Streich. Er sät im Schutz der Nacht

---

[86] BURCHARD 86 vermutet, Matthäus wolle durch die Einführungen andeuten, dass Jesus gar keine Rede mehr hielt, sondern lediglich einzelne Gleichnisse „hersagte“, um die Menge spüren zu lassen, „dass er sich nicht mehr um sie bemühte, und also tat er rhetorisch nicht, als ob“. Das liefe auf einen vorsätzlichen Abbruch der Kommunikation mit Israel durch den matthäischen Jesus (und damit zugleich durch die Gemeinde des Matthäus) hinaus – eine unbegründete Unterstellung!

[87] Zum hebräischen/aramäischen Hintergrund der Breviloquenz s. JEREMIAS 99f; KINGSBURY, Parables 67.

Unkrautsamen unter den Weizen. Der Taumellolch (*lolium temulentum L.*) ist ein botanisch dem Weizen nahestehendes Unkraut, das zunächst von diesem kaum zu unterscheiden ist, ihn jedoch verdirbt und erstickt, und überdies giftige Wirkung hat. Er gilt deshalb als verhexter, entarteter Weizen[88]. Über die Realitätsnähe des Vorgangs zu urteilen, ist schwierig[89]. Allenfalls wird man sagen können, dass Ähnliches damals gelegentlich vorgekommen sein mag und damit für Hörer bzw. Leser plausibel war. Wichtiger ist, dass die Weizen-Unkraut-Metaphorik weit verbreitet war und in politischen, ethischen und religiösen Zusammenhängen belegt ist[90].

V.26f: Erst als der Weizen so weit gewachsen war, dass der Fruchtansatz sichtbar wurde, wurde auch der Lolch erkennbar (ἐφάνη). Dadurch alarmiert, wenden sich die Knechte an den – nunmehr als οἰκοδεσπότης bezeichneten – Eigentümer des Ackers, um mit ihm die kritische Situation zu besprechen. Wenn sie ihn zunächst nach dem Woher (πόθεν) des Lolchs fragen, so schwingt dabei ein leiser Unterton, wenn nicht des Zweifels, so doch zumindest der Unsicherheit mit: Die Möglichkeit, dass auf dem Acker ihres Herrn etwas anderes wachsen kann, als der von ihm selbst gesäte Weizen, will ihnen nicht in den Kopf.

V.28: Der Hausherr klärt sie in seiner ersten Antwort darüber auf, dass nicht nur er es war, der auf diesem Acker gesät hat, sondern auch ein anderer, ein „feindlicher Mensch“. In ihrer folgenden zweiten Frage erbitten daraufhin die Knechte vom Hausherrn seine Zustimmung (θέλεις) dazu, dass sie unverzüglich das tun, was in solcher Situation die übliche Praxis war[91], nämlich den Lolch auszujäten. Das Verb συλλέγειν verweist dabei schon auf

---

[88] V. GEMÜNDEN 241; DALMAN, AuS I.2, 408.

[89] KLAUCK (1978) 226; WEDER 120; LUZ Mt II 324 stellen sie in Frage, JEREMIAS 222; V. GEMÜNDEN 240f verteidigen sie.

[90] Jüdische Belege: Midr. Sam I § 3; Midr. Tanch B Bemidbar § 22; 4Esr 4,35; SyrBar 70,2; hellenistische Belege: Plut Mor 439B; 497C; Diog Laert I 100; Liv I 54. Hierzu V. GEMÜNDEN 238.

[91] DALMAN, G., Arbeit und Sitte II 323-325.

ein Ziel, das jenseits des Jätens selbst liegt, nämlich das Sammeln des Unkrauts zur Vernichtung im Feuer. Gerichtsmetaphorik schiebt sich damit in den Vordergrund. Sie beherrscht auch die abschließende Antwort (V.29f), so dass die Grenze zwischen erzählter und besprochener Welt vollends fließend wird.

V.29f: Der Hausherr trifft eine überraschende Entscheidung: Das Unkraut soll belassen werden; Lolch und Weizen sollen bis zur Ernte gemeinsam und nebeneinander wachsen (συναυξάνεσθαι). Diese befremdliche Koexistenz[92] ist für ihn das kleinere Übel, denn die Entfernung des Lolchs würde die partielle Vernichtung des Weizens zur Folge haben. Wenn der Hausherr im Vorgriff auf die kommende Zeit der Ernte wörtlich jenen Befehl anführt, den er dann den Erntearbeitern erteilen wird, so trägt das dazu bei, hinter dem Bild der Ernte das Gericht sichtbar werden zu lassen (vgl. Offb 14,14-16): Denn dieses wird durch Gottes ausdrücklichen Befehl in Gang gesetzt, der sich an die Gerichtsengel als die Vollzugsorgane richtet (vgl. Offb 16,1.17). Die begriffliche Unterscheidung zwischen den δοῦλοι und den θήρισται gewinnt also im Licht der Gerichtsthematik ihren Sinn. Gleiches gilt wohl auch von der zeitlichen Voranstellung des Sammelns und Verbrennens des Lolchs[93] vor das Sammeln des Weizens in die Scheune (vgl. 3,12; 6,26): Die Sammlung der Erwählten zum Heil ist das letzte Wort Gottes, dem als sein vorletztes das Gericht über die Sünder vorangeht (V.41-43;

---

[92] Eine aufschlussreiche Sachparallele dazu bietet TestAbr A X (JSHRZ III/2, 225-227): Abraham, dem der Engel Michael den Erdkreis mitsamt allen guten und allen sündigen Menschen zeigt, bittet um die alsbaldige Vernichtung der Sünder. Gott antwortet ihm, indem er seinen Willen bekundet, „keinen von ihnen" zu vernichten, sondern sie bis zum kommenden Gericht leben zu lassen.

[93] Normalerweise verfuhr man umgekehrt: Die Schnitter sammelten zunächst das gute Korn. Das bis zur Ernte stehen gebliebene Unkraut ließen sie zunächst fallen, um es erst zum Schluss zu sammeln und zu verbrennen; vgl. DALMAN, AuS II 325ff; JEREMIAS 159.

vgl. Offb 20-21)[94]. Dass Gott dieses Ziel trotz aller Gefährdungen und Hindernisse erreicht und zu seiner Ernte kommt, das ist die Pointe dieser Geschichte[95].

5. Auslegung von 13,31-33:
Gleichnispaar vom Senfkorn und vom Sauerteig

31 **Ein anderes Gleichnis legte er ihnen vor und sprach: Mit dem Himmelreich steht es wie mit einem Senfkorn, das ein Mensch nahm und auf seinen Acker säte.**
32 **Es ist zwar das kleinste aller Samenkörner; wenn es aber herangewachsen ist, ist es die größte unter allen Gemüsepflanzen und wird ein Baum, so dass die Vögel des Himmels kommen und in seinen Zweigen wohnen.**

33 **Ein anderes Gleichnis sagte er ihnen: Mit dem Himmelreich steht es wie mit einem Sauerteig, den eine Frau nahm und in drei Sat Weizenmehl verbarg, bis es ganz durchsäuert war.**

Diese beiden kleinen Gleichnisse, deren Herkunft von Jesus als unstrittig gilt, wurden bereits in Q 13,18-21 als Gleichnispaar überliefert. Markus bringt das Senfkorngleichnis allein und in einer von Q offensichtlich unabhängigen Fassung im Rahmen seines Gleichniskapitels (Mk 4,30-32)[96]. Matthäus, der beide Überlieferungen kannte,

---

[94] Speziell bei Matthäus kommt freilich auch die umgekehrte Reihenfolge vor, so vor allem in dem Täuferwort 3,12. Sollte Matthäus es hier aufgenommen haben (so LUZ Mt II 325), so wäre die Vertauschung der Reihenfolge als seine bewusste theologische Entscheidung zu gewichten. Doch vgl. auch 25,31-46.

[95] Anders CROSSAN 260, der die Pointe in der Verwendung des Lolchs als Brennstoff – und damit in dessen Nutzbarmachung durch den Hausherrn – finden möchte. Doch dazu kritisch V. GEMÜNDEN 243 A 249.

[96] Eine weitere Fassung, die größere Übereinstimmungen mit der markinischen Version aufweist, ist in EvTh 20 überliefert: „(Das Reich der Himmel) gleicht einem Senfkorn, das kleiner ist als alle Samen. Wenn es aber fällt auf das Land, das man bebaut, sendet es

ließ sich aus Mk 4,30-32 den Ort innerhalb der Gleichnisrede vorgeben. Im Übrigen jedoch hatte für ihn die Q-Version klare Präferenz. Aus ihr übernahm er die Parallelität in Aufbau, Terminologie und Verbformen beider Gleichnisse, die diesen den Charakter des Gleichnispaares gibt: ὃν λαβὼν ἄνθρωπος ἔσπειρεν (V.31) – ἣν λαβοῦσα γυνὴ ἐνέκυψεν (V.33). Wie in Q, so sind sie auch bei Matthäus als *Parabeln* gestaltet: Sie berichten zunächst in ihren Anfangsteilen im Aorist jeweils von Einzelfällen, von dem also, was ein bestimmter Mann, eine bestimmte Frau einmal getan hat, und ebenso verweisen ihre Schlussteile auf einmalige konkrete Vorfälle: Aus diesem einen, besonderen Senfkorn ist ein Baum gewachsen, auf dessen Zweigen die Vögel des Himmels sich *tatsächlich* niederlassen. Mk 4,31f hingegen gibt im Präsens und unpersönlichen Passiv eine allgemein erfahrbare Möglichkeit wieder: So geht es eben zu, beim Wachstum eines Senfkorns – es entsteht eine große Pflanze, in deren Schatten *möglicherweise* Vögel sitzen *können*. Hier handelt es sich also um ein *Gleichnis im engeren Sinn*. Aus der Markus-Version hat Matthäus neben dem Verb σπείρειν (V.31), den Hinweis auf die außerordentliche Kleinheit des Senfkorns, sowie – damit korrespondierend – auf die hervorstechende Größe der aus ihm entstehenden Pflanze übernommen. Mit Q hat er jedoch die aus dem Rahmen botanischer Realität fallende Bezeichnung dieser Pflanze als „Baum", sowie das damit verbundene Zitat aus Dan 4,18 festgehalten. Redaktion des Matthäus ist die Einführungsformel ἄλλην παραβολὴν παρέθηκεν αὐτοῖς (s. zu V. 24), die Ersetzung von βασιλεία τοῦ θεοῦ durch βασιλεία τῶν οὐρανῶν, sowie die Formulierung ἄνθρωπος ἔσπειρεν εὐ τῷ ἀγρῷ αὐτοῦ, mit der Matthäus ein Äquivalent zu ἀνθρώπῳ σπείραντι ... ἐν τῷ ἀγρῷ αὐτοῦ (13,24) schafft[97].

---

heraus einen großen Spross (und) wird zum Schutz für die Vögel des Himmels."

[97] KLAUCK (1978) 218.

Die neuere Auslegungsgeschichte des Senfkorngleichnisses reflektiert geradezu paradigmatisch eine theologische Grundsatzdebatte. Traditionell hatte man im Gleichnis den Gedanken einer organischen Entwicklung und des Wachstums – sei es der Kirche, des Evangeliums oder auch des von diesem ausgehenden weltgestaltenden ethischen Potenzials – finden wollen. Im Zuge einer Neuorientierung der Eschatologie im Laufe des 20. Jahrhunderts setzte sich jedoch die Sicht des Reiches Gottes als einer rein zukünftigen, jenseitigen Größe durch, die zu allen innerweltlich-geschichtlichen Entwicklungen und Wachstumsprozessen in schroffem Kontrast stand. Das Entwicklungsmotiv war damit theologisch gleichsam zu Gunsten des Kontrastmotivs disqualifiziert. So wollte JOACHIM JEREMIAS in seiner einflussreichen Interpretation des Gleichnisses in diesem ausschließlich den Gegensatz zwischen dem winzig kleinen Anfang und dem überwältigend großen Ende ausgesagt finden, während er jeden Anklang an den Wachstumsgedanken vehement bestritt[98]. Allein, das Gleichnis lässt sich schwerlich in solche Alternative einspannen. Seine spezifische Eigenart besteht vielmehr gerade darin, dass in ihm Kontrastmotiv und Wachstumsmotiv eng miteinander verbunden sind. Ein größerer Gegensatz als der zwischen dem winzig kleinen Senfkorn am Anfang und dem großen „Baum“ am Ende ist kaum vorstellbar. Und erst am Ende, wenn dieser große „Baum“ da steht, wird für alle erkennbar und sichtbar werden, was es mit der Himmelsherrschaft auf sich hat. In diesem Baum wird nämlich auf die uralte Metaphorik des Weltenbaums als des Symbols heilvoller Herrschaft angespielt. Sie erscheint im AT in mehreren Varianten: So werden allgemein der König (Ez 31), speziell jedoch das zukünftig erhoffte messianische Reich Israels

[98] JEREMIAS 147 begründet das damit, dass der Entwicklungsgedanke orientalischem Denken generell fremd sei; der „Morgenländer ... fasst Anfangs- und Endstadium ins Auge“. Vgl. auch DAHL, N.A., The Parables of Growth, in: ders., Jesus in the Memory of the Early Church, Minneapolis 1976, 141-166. 155; LOHSE, E., Die Gottesherrschaft in den Gleichnissen Jesu, EvTh 18 (1958) 145-157.156.

(Ez 17,2-24), dessen endzeitlicher Herrscher (Ez 17,2-24) und der davidische König (Dan 4) unter dem Bild des Baumes dargestellt, und zwar durchweg in Verbindung mit dem stereotypen Bild von den Tieren des Feldes und den Vögeln des Himmels, die im Gezweig des Baumes Zuflucht finden (Ez 31,6.13; Dan 4,9.18; Ez 17,23), das metaphorisch auf bergende, schützende und sammelnde Wirkung der endzeitlichen Herrschaft verweist[99]. Der die kommende Himmelsherrschaft bezeichnende Baum erscheint im Gleichnis nun freilich nicht als „imperiales" Symbol, das, von oben kommend, ohne Bezug zur gegenwärtig erfahrenen Wirklichkeit ist. Er wird vielmehr rückgebunden an das winzig kleine, unscheinbare Senfkorn: In diesem bereits ist das überwältigend große Kommende gegen allen Augenschein vorbereitet; es bildet den Ausgangspunkt für ein unaufhaltsames Wachstum, an dessen Ende die Himmelsherrschaft hervortreten und ihre heilvolle, sammelnde und bergende Wirkung für alle entfalten wird. Die Himmelsherrschaft ist eine zukünftige Größe; sie ist zwar im Senfkorn noch nicht da, doch ist es das Anfangsgeschehen, welches das Kommende vorbereitet, die „notwendige Voraussetzung" des Kommenden und das „Unterpfand der Zuversicht" auf dessen tatsächliches Kommen[100].

Aber worin besteht nun konkret dieses Anfangsgeschehen? Die Antwort auf diese Frage ergibt sich aus der Art und Weise, wie Matthäus es beschreibt. Der „Mensch", der das Senfkorn aussät, ist kein anderer als jener Sämann, der bereits in V.4.18.26 aufgetreten ist und dessen Identität in V.37 enthüllt werden wird, nämlich der Menschensohn. Und zwar sät er es – wie Matthäus betont vermerkt – „auf seinen Acker". Das ist zwar auf der Bildebene befremdlich, weil Senf ein ausgesprochenes Gartengewächs ist (vgl. Lk

---

[99] Die nächste Parallele unter den genannten Stellen bietet Dan 4,18 (21) Θ: καὶ ἐν τοῖς κλάδοις αὐτοῦ κατεσκήνουν τὰ ὄρνεα τοῦ οὐρανοῦ. Es dürfte sich jedoch um ein freies Gedächtniszitat handeln. Zum Ganzen vgl. KLAUCK 212; V. GEMÜNDEN 199f.

[100] Hunzinger, C.-H., ThWNT VII 290.

13,19!), jedoch auf der Sachebene, wo der Acker für die Welt steht (V.24.38), höchst beziehungsvoll. Sie ist der Ort, auf den hin das – im Bild der Aussaat des Senfkorns dargestellte – Wirken des Menschensohns ausgerichtet ist. Folgt man der durch die übrigen Aussaat-Aussagen von Kp. 13 gelegten Spur, so wird man die verbreiteten Deutungen des Senfkorns auf die βασιλεία-Verkündigung Jesu[101] oder auf den Glauben in Frage stellen zu Gunsten jener, die sich nicht nur von V.24 und V.38, sondern auch vom Grundduktus der matthäischen Version der Deutung des Sämannsgleichnisses (V.19-23)[102] her nahe legt: Es geht auch hier um Menschen, die Jesus in die Welt hineingesät hat. Konkret wird man an den kleinen Kreis der Zwölf zu denken haben, die Jesus berief und mit der Sammlung des Gottesvolkes beauftragte[103], und darüber hinaus an die „Söhne des Reiches" (13,38), jene Menschen also, die als Jünger und Jüngerinnen Jesu in seiner Nachfolge die Sache der Himmelsherrschaft durch ihr Zeugnis in der Welt vertreten. Verhält es sich so, dann hat das Gleichnis durchaus eine ekklesiologische Dimension, die nun freilich ganz im Rahmen des sehr zurückhaltenden matthäischen Kirchenverständnisses bleibt. Die Kirche, von der es handelt, ist so klein und unscheinbar wie das Senfkorn. In ihr ist die Himmelsherrschaft noch keineswegs verwirklicht; ein größerer äußerer Kontrast als der zwischen der kleinen Schar machtloser, wehrlos den Repressalien ihrer Umgebung ausgesetzter, unsicherer und leidender Menschen und der machtvoll in Erscheinung tretenden Himmelsherrschaft lässt sich nicht denken. Und doch besteht zwischen dieser Kirche und der kommenden βασιλεία ein unmittelbarer Zusammenhang: Sie wirkt auf diese hin, gibt Zeugnis für sie, indem sie durch ihr Verhal-

---

[101] So KLAUCK (1978) unter Verweis auf 13,19; WEDER 134f.

[102] Nach dem zentralen Duktus von V.18-23 (zu dem lediglich V.19a in einer gewissen Spannung steht), sind es Menschen bzw. Menschengruppen, die hier ausgesät werden.

[103] BURCHARD 105; HAGNER I 387; schwankend: V. GEMÜNDEN 207. Zur Problematik vgl. KRETZER, Herrschaft 108.

ten Zeichen der Hoffnung setzt (vgl. 5,16). In ihr wird das Endstadium jenes unaufhaltsamen Wachstumsprozesses, der mit der Aussaat des Senfkorns begonnen hat, sicher noch nicht erreicht; das die βασιλεία beschreibende Schlussbild des großen Baums, auf dessen Ästen sich die Vögel sammeln, bleibt Bild einer noch nicht realisierten Zukunft[104]. Die gegenwärtige Kirche ist allenfalls „Statthalterin der kommenden Basileia“[105], indem sie durch ihr Leben und Handeln auf die βασιλεία verweist, den Platz für diese selbst jedoch offen hält. Mit den Vögeln sind zweifellos Menschen gemeint: Im kommenden Reich werden Menschen von überall her zusammengeführt, es wird Ort erfüllter und gelingender Gemeinschaft sein. Die Kirche kann dieser Ort noch nicht sein, aber sie wirkt auf das Reich hin, indem sie bereits in der Gegenwart Menschen sammelt – Gerechte und Ungerechte, Juden und Heiden[106].
Im folgenden Sauerteiggleichnis wird dem Bereich der Landwirtschaft gleichsam komplementär der häusliche Bereich der Küche gegenübergestellt. Weil dieser gemäß der traditionellen Rollenverteilung der Geschlechter der Bereich der Frau war, erscheint nun als Handlungsträgerin eine Frau. Das Gleichnis läuft dem Senfkorngleichnis weitgehend parallel. Das gilt zunächst in formaler Hinsicht: Es ist ebenfalls eine Parabel. Nicht ein aus allgemeiner Erfahrung bekannter Vorgang wird beschrieben, sondern ein einmaliges, besonderes Geschehen. Wir erfahren von einer Frau, der es gelang, mit einer kleinen Menge Sauerteig eine nachgerade riesig große Menge Mehl zu durchsäuern. Sicher will das als Hinweis auf das Besondere und Einmalige

---

[104] Anders BURCHARD 106: „Der Baum steht“; V. GEMÜNDEN 202. Dagegen DAVIES/ALLISON II 419.
[105] KLAUCK 218.
[106] Dass, wie häufig unter Berufung auf Ez 17,23; 31,6; Dan 4,9.18 vermutet wird (LUZ; DAVIES/ALLISON), mit den Vögeln explizit auf das Zusammenkommen von Juden und Heiden, und damit auf die eschatologische Völkerwallfahrt, angespielt sein sollte, ist eher unwahrscheinlich, würde damit doch ein eher angedeuteter Nebenzug des Gleichnisses allegorisierend übefrachtet; vgl. HAGNER I 387.

des durch Jesus ausgelösten Geschehens gelesen werden. Sachlich geht es auch hier, wie im Senfkorngleichnis, zugleich um Kontrast und um Wachstum: Am Anfang ein wenig Sauerteig, am Ende die Fülle des gelungenen Brotteigs. Aber Anfang und Ende stehen nicht abrupt gegeneinander; sie sind vielmehr insofern miteinander verbunden, als der Sauerteig durch seine durchsäuernde Kraft das Mehl in Brotteig verwandelt hat. Ein markanter Zug ist jedoch neu gegenüber dem Senfkorngleichnis: Es wird allein betont, dass die Frau den Sauerteig in der großen Mehlmenge verborgen hat (ἐνέκρυψεν) – ihre Mühe beim Vermischen von Sauerteig und Mehl sowie beim Teigkneten bleibt hingegen unerwähnt. Die Frau gibt den Sauerteig so unter das Mehl, dass man von ihm nichts mehr sieht. Es scheint, als sei er gänzlich unter dem Mehl verschwunden, in dessen Fülle untergegangen. Aber es scheint eben nur so. Dass sich in Wirklichkeit im Mehl ein Prozess der Veränderung vollzogen hat, das wird sich erst am Ende herausstellen, wenn das erstaunliche Ergebnis offen vor den Augen aller liegt – die riesige Menge des durchsäuerten Teigs. Sie ist ein weiteres Bild für das Himmelreich. Dieses wird, – so will das Gleichnis besagen – wenn es am Ende in seiner Größe und Fülle hervortritt, erkennbar werden als Ertrag eines verborgenen Geschehens, an dessen Anfang das äußerlich unscheinbare Wirken Jesu gestanden hat.

Nicht nur auf Grund der Analogie zum Senfkorngleichnis legt sich auch hier eine personhafte Deutung dieses Geschehens nahe. Der Sauerteig, den Jesus in der Welt verborgen hat, ist nicht die Wahrheit des Evangeliums[107], sondern seine Jüngergemeinde. Diese kleine Schar schwacher Menschen von niedrigem sozialem Status ist in einer Welt, deren Gesicht allein von den Angesehenen, Einflussreichen und Mächtigen geprägt wird, eine Größe, die man übersieht. Und doch bringt sie das voran, was allein die Zukunft der Welt heilvoll bestimmen wird.

So setzt das Gleichnispaar einen positiven Kontrapunkt

[107] So LUZ II 334.

gegen das Unkrautgleichnis, indem es zeigt: Nicht das ungetrennte Nebeneinander von Bösen und Guten ist letztlich bestimmend für die Welt und ihre Geschichte, sondern dies, dass Jesus in sie auch Menschen hineingestellt hat, die – wenn auch in unvollkommener und oft kaum sichtbarer Weise, so doch in seinem Auftrag – auf das kommende Heil hin wirken und so die Zukunft Gottes offen halten.

V.31: Es geht nicht um den Vergleich von Himmelreich und Senfkorn als zweier fester Größen. Der formelhafte Dativanfang (s. zu V.24) besagt vielmehr: Die im Folgenden erzählte Geschichte, in deren Mittelpunkt ein Senfkorn steht, soll in einer bestimmten Hinsicht das Himmelreich ins Licht setzten. Der Same des schwarzen Senfs (*brassica nigra*) ist hat einen Durchmesser von kaum 1 mm, ist somit also extrem klein. Die ausgewachsene Pflanze kann unter günstigen klimatischen Voraussetzungen – so am galiläischen See – eine Höhe von 2,5-3 m erreichen[108].
V.32: Unter den Gemüsegewächsen (λάχανα[109]), zu denen sie hier zu Recht gerechnet wird[110], fällt sie zwar durch ihre Größe auf, aber wenn sie als deren größtes bezeichnet wird, so ist dies ein von der botanischen Realität nicht gedeckter hyperbolischer Zug[111], der um der erstrebten Kontrastwirkung willen eingebracht ist: Aus dem sprichwörtlich[112] als kleinstes bekannten Samenkorn (ὃ μικρότερον μὲν ἐστιν πάντων τῶν σπερμάτων) geht das größte aller Gewächse (μεῖζον τῶν λαχάνων)[113] hervor. Ebenfalls als hyperbolisch muss die Bezeichnung der Senfstaude als Baum gelten. Hier schlägt das biblische Motiv des Welten-

---

[108] DALMAN, AuS II 293.
[109] Vgl. Gen 9,3; Spr 15,17 (LXX); Lk 11,42; Röm 14,2.
[110] Plin Hist Nat 20,236; Theophr Hist Plant VII 1,1f. Die Saatkörner dienten als scharfes Gewürz, die Blätter kochte man als Gemüse; s. HUNZINGER, ThWNT VII 287.
[111] Zum Ganzen s. V.GEMÜNDEN 197f.
[112] M Nidda V 2; über 5,1,8d; bBer 31a.
[113] In volkstümlicher Sprache ersetzt der durch πάντων ergänzte Komparativ weithin den Superlativ; BD-R § 60.

baums (Ez 17,23; 31,6; Dan 4,9.17f), dem die Vögel als stehende Requisiten zugeordnet sind, durch (dazu s.o.). Κατασκηνοῦν hat als Hauptbedeutung „wohnen“, „sich niederlassen“, und wird sowohl im Blick auf Menschen (Apg 2,26; 1Kl 57,7) wie auch auf Vögel (Dan 4,21[Theod]; Ps 103, 13[LXX]) gebraucht. Und zwar kann es, auf Vögel angewandt, sowohl die Konnotation von „sich ausruhen“, „Schutz finden“, wie auch von „nisten“ haben. Ob Letzteres hier gemeint ist, ist jedoch eher fraglich[114]. Es würde nämlich voraussetzen, dass die Metaphorik auf die endzeitliche Völkerwallfahrt und deren Ergebnis, die feste, bleibende Beheimatung der Heiden in der Kirche, zielt. Das würde dem Gleichnis eine Bedeutungslast aufbürden, die es in seiner vorliegenden Gestalt nicht tragen kann.

V.33: Die Bildwahl ist überraschend. Für jüdische Menschen ist Sauerteig keine positiv qualifizierte Metapher und darum für die Beschreibung des Himmelreichs denkbar ungeeignet. Er gilt vielmehr als der Inbegriff des Unreinen: Vor dem Pessachfest müssen Sauerteig und alles Gesäuerte aus dem Haus entfernt werden (Ex 12,15-20; 23,18)[115]. Nun geht es hier freilich nicht um Fragen der kultischen Reinheit. Eine provozierende Absicht liegt dem Bild darum fern. Bestimmend für seine Wahl dürfte vielmehr gewesen sein, dass es wie kaum ein anderes zur Veranschaulichung eines Kontrastes geeignet war. Also: Kleine Ursache – große Wirkung! Auf die Kleinheit der Sauerteigmenge brauchte nicht besonders hingewiesen werden. Die war den Hörern bzw. Lesern aus eigener Anschauung bekannt. Ausdrücklich wird dagegen die riesige Menge des Mehls hervorgehoben, das die Frau – die einzige Aktantin der Er-

---

[114] Pro: JEREMIAS 146; WEDER 135; GNILKA I 494; DAVIES/ALLISON II 420. Contra: LUZ II 326; BURCHARD 105 („Dass die Vögel sich auf dem Baum auch noch vermehren, will der Text kaum sagen.“).

[115] Es liegt ganz auf dieser Linie, wenn im Urchristentum und bei Paulus das Entfernen des Sauerteigs aus dem Haus metaphorisch für die Beseitigung der sittlichen Unreinheit aus dem von Christus beherrschten Bereich der Gemeinde steht (1Kor 5,6-9; vgl. Gal 5,9).

zählung – beim Backen verwendet: 3 Sat sind etwa 40 Liter[116], ein Mehrfaches dessen also, was beim Brotbacken in einem normalen Haushalt verarbeitet wurde[117]. Auch hier wird also wieder die Basis alltäglicher Realität verlassen. Darauf allerdings, dass hinter dieser Mengenangabe symbolische Züge stehen könnten, enthält die karge Erzählung keinen Hinweis[118]. Sie dient allein dazu, das Besondere und Einmalige herauszustellen, das den Vorgang aus allem Alltäglichen heraushebt: *Dieser* spezielle Sauerteig hat eine vergleichslose verwandelnde Kraft, und zwar trotz seiner Verborgenheit: Die Frau hat ihn im Mehl „verborgen". Zunächst ist also nichts sichtbar außer dem Mehl. Weder erfahren wir, dass die Frau den Teig knetend bearbeitet, noch dass er Blasen wirft und damit seine Veränderung anzeigt. Um so größer die Überraschung am Schluss: Das ganze Mehl ist durchsäuert, es hat durch den Sauerteig eine neue Qualität gewonnen.

6. Auslegung von 13,34-35: Summarische Bemerkung über das Reden Jesu zum Volk in Gleichnissen

34 **Das alles sagte Jesus in Gleichnissen zu den Volksmengen, und ohne Gleichnis redete er nichts zu ihnen,**
35 **damit erfüllt wurde, was durch den Profeten Je-**

---

[116] Das σάτον (= Sea) war ein Hohlmaß, das hauptsächlich auf Korn und Mehl angewandt wurde. Es war, wie alle Hohlmaße, auf das Epha bezogen (1Epha = 3 Sat).Die wahrscheinlichste Umrechnung stützt sich auf Jos Ant IX 4,5: 1 Saton = 1 ½ röm. modius = 13,131 Liter. Hierzu STROBEL, A., BHH II 1162-1166.

[117] JEREMIAS 146: Die Menge würde für die Sättigung von 100 Menschen ausreichen.

[118] Gedacht hat man vorzugsweise an Sara, die drei Sea Mehl für die Gottesboten gebraucht (vgl. auch Ri 6,19; 1Sam 1,24). Eine (möglicherweise auf Jesus selbst zurückgehende) Anspielung auf die festliche Fülle des eschatologischen Freudenmahls vermuten GUNDRY 268 und DAVIES/ALLISON 423 Anm 81. Aber ausgerechnet Brot als festliches Mahlsymbol?

saja[119] gesagt wurde:

> **„Ich will in Gleichnissen meinen Mund auftun, aussprechen will ich, was von Anbeginn[120] verborgen war“.**

Matthäus hat seine Vorlage, die Schlussbemerkung der markinischen Gleichnisrede (Mk 4, 33f), durch zielbewusste Kürzung seiner eigenen Sichtweise adaptiert: Mk 4,33a formuliert er um, Mk 4,33b und 4,34b lässt er weg. Die markinische Parabeltheorie, derzufolge Jesu Gleichnisse für das Volk wie für die Jünger gleichermaßen unverständlich sind und der Unterschied zwischen beiden Gruppen nur darin besteht, dass Jesus den Jüngern Deutungen gibt, ist damit ohne Rest getilgt. Unverständlich sind die Gleichnisse nach Matthäus nämlich allein für die Volksmenge, während die Jünger sie unmittelbar verstehen.
Das Erfüllungszitat bietet Ps 78,2 in einer seltsamen Mischform: Während der erste Teil (V.35a) wörtlich Ps 77,2 LXX folgt, entspricht der zweite Teil keinem bekannten Bibeltext. Da er von matthäischen Spracheigentümlichkeiten frei ist, ist Umformulierung durch den Evangelisten schwerlich anzunehmen. Eher dürfte Matthäus das Zitat aus der Gemeindeüberlieferung, in der es – wie die Mehrzahl der Erfüllungszitate – seine Gestalt erhalten hatte, übernommen und dessen ersten Teil an den LXX-Wortlaut

---

[119] Ησαίου ist durch ℵ* θ f [1.13] numerisch zwar nur schwach, doch der Sache nach gewichtig bezeugt. Die Textvarianten lassen sich am besten als Korrekturen der irrtümlichen Zuschreibung des Psalmzitats an Jesaja erklären (Ein analoger, ebenfalls von Abschreibern korrigierter Irrtum findet sich in 27,9): Entweder man strich Ησαίου – so die überwiegende Mehrheit der HSS, der auch NA[26] folgt –, oder man ersetzte es durch Asaf, der im Psalter selbst als Vf. des Psalms genannt wird und überdies als Profet galt (1Chr 25,2; 2Chr 29,30). Hierzu STENDAHL, School; LUZ, Mt II 336, Anm. 1.

[120] Die von ℵ[1] B f[1] e k (sy[s c]) vertretene lectio brevior ohne κόσμου dürfte doch wohl die ursprünglichere sein. Die nachträgliche Hinzufügung von κόσμου legte sich als Angleichung an die geläufige Wendung καταβολῆ κόσμου (so Mt 25,34 sowie an 9 weiteren NT-Stellen) nahe. Vgl. LUZ, Mt II 326 Anm. 2.

angeglichen haben: Dieser nämlich enthielt die Formulierung ἐν παραβολαῖς, auf die es ihm ankam.
Mit einer Zwischenbemerkung schaltet sich der Evangelist unmittelbar als Deuter des erzählten Geschehens ein. Innerhalb der Gleichnisrede markiert er damit gleichsam eine Wasserscheide: der Teil, in dem es um das Volk als nicht verstehende Adressaten der Gleichnisse und um den Grund für dessen Nichtverstehen ging, ist nunmehr abgeschlossen. Der jetzt folgende Teil soll vom Reden Jesu zu den verstehenden Jüngern handeln. Damit wird erreicht, dass die Rede in ihrem formalen Aufbau die inhaltliche Sichtweise des Matthäus widerspiegelt. Die Zwischenbemerkung setzt das in V.10-17 Gesagte zwar voraus, bietet jedoch mehr als dessen bloße Wiederholung. War dort das Nicht-Verstehen der Gleichnisse Jesu durch das Volk und dessen Ursache das Thema gewesen, so geht es hier um den Grund dafür, dass Jesus trotzdem zum Volk in Gleichnissen geredet hat: Jesus hat in seiner Gleichnisrede den ihm von Gott her zuteil gewordenen Auftrag des öffentlichen Redens wahrgenommen! Das nämlich besagt das Erfüllungszitat in V.35, und mit dieser Aussage führt es in eine völlig andere Richtung als das in V.14f vorhergegangene. Beide Zitate markieren die beiden Pole eines Spannungsbogens, den Matthäus sichtbar machen will[121]; keineswegs jedoch widersprechen sie einander. Gerade durch sein Reden in Gleichnissen hat Jesus die Botschaft vom Reich hineingestellt in die Öffentlichkeit der Welt, und zwar ohne Einschränkung und Vorbehalt. Was zunächst als Einschränkung des Offenbarungsauftrags und –willens Jesu erscheinen könnte, ist in Wahrheit keine, nämlich das mehrheitliche Missverstehen der Botschaft durch die Menschen. Dessen Ursache

---

[121] Versuche, die Spannung aufzulösen, führen unweigerlich zu einer Auslegung, die V. 34 gegen den Strich bürstet, indem sie das spezifische Profil seiner Aussagen zu nivellieren sucht. So hat es nach LUZ, Mt II 337 nur den Anschein, als rede V. 34b „von der *Offenbarung*" des von Anfang an Verborgenen", in Wahrheit meine aber ἐρεύγομαι aber doch „recht äußerlich" nur „Lärm machen", „ausstoßen", „äußern". Also alles nur viel Lärm um nichts?

ist aber keineswegs darin zu suchen, dass Jesus diese Botschaft – etwa durch die Weise seines Redens in Gleichnissen – vorsätzlich verschlüsselt und damit ihre universale, weltweite Veröffentlichung verhindert hätte. Alleinige Ursache ist vielmehr, dass die Menschen sich mehrheitlich der Botschaft vom Himmelreich, die in der ihr allein angemessenen Form von Gleichnissen an sie erging, verweigert haben – im Unterschied zu den Jüngern, von denen im Folgenden die Rede sein wird.

V.34: Der Vers verweist zurück auf V.3 und 13, indem er das Reden in Gleichnissen als die normale Redeweise Jesu gegenüber dem Volk kennzeichnet. Den Grund dafür stellt V.35 mittels eines Erfüllungszitats aus Ps 78,2 heraus.
V.35: In der herangezogenen Textfassung bildet der Psalmvers einen synthetischen Parallelismus membrorum, dessen beide Teile einander ergänzend das gleiche aussagen: Indem das im Psalm redende Subjekt – also für Matthäus Jesus selbst – seinen Mund „in Gleichnissen" auftut (V.35a), wird seit Anfang der Welt Verborgenes öffentlich ausgesprochen. Matthäus versteht dabei unter den παραβολαί ganz direkt die Gleichnisse Jesu, wobei er gerade nicht auf deren Rätselhaftigkeit abhebt[122], sondern – im Gegenteil – darauf, dass in ihnen bislang Verborgenes öffentlich ausgesprochen wird. Ein apokalyptisches Denkmuster klingt im zweiten Versteil an: Seit der Erschaffung der Welt[123] hat Gott seine Geheimnisse, seine Pläne für die

[122] Der Beiklang des Rätselhaften und Geheimnisvollen fehlt dem Begriff παραβολή in Ps 77,2 LXX. Man darf ihn nicht aus Ps 77 in das Matthäusevangelium eintragen, wo es um ein „Rätsellied" geht, das „geheimnisvolle Tatbestände in sich birgt", nämlich die Erinnerungen an die großen Taten Gottes an seinem Volk in seiner vergangenen Geschichte KRAUS, H.-J., Psalmen II, Neukirchen-Vluyn [4]1972 [BK.AT XV IIK] 535.

[123] Die Wendung ἀπὸ καταβολῆς bezieht sich hier, wie Lk 11,50; Hebr 9,26 eindeutig auf den Abschluss des Schöpfungswerkes: „seit *Erschaffung* der Welt/ von der (Vollendung der) Weltschöpfung an" (HOFIUS, O., EWNT II 631). Präexistenzchristologische Höhenflüge (vgl. GNILKA, Mt I 497: „Was Christus verkündigt, reicht zurück vor

Zukunft von Menschen und Welt, im Himmel verborgen, wo sie nur für Profeten und Seher zugänglich sind. Jesus ist demnach derjenige, der mit seiner Gleichnisverkündigung das im Himmel Verborgene aufschließt und Kunde von ihm gibt. Dieses Verborgene ist die βασιλεία.

II. Die Gleichnisse und das Verstehen der Jünger (13,36-52)

1. Auslegung von 13,36-43: Deutung des Gleichnisses vom Unkraut[124]

36 **Da verließ er die Volksmengen und ging in das Haus. Und seine Jünger traten zu ihm und sagten: „Erkläre uns das Gleichnis vom Lolch auf dem Acker!“**
37 **Er aber antwortete und sprach: „Der den guten Samen aussät, ist der Menschensohn,**
38 **der Acker ist die Welt, der gute Same sind die Söhne des Reiches; der Lolch sind die Söhne des Bösen,**
39 **der Feind, der ihn ausgesät hat, ist der Teufel, die Ernte ist die Vollendung der Weltzeit, die Schnitter sind Engel.**
40 **Wie der Lolch gesammelt und im Feuer verbrannt wird, so wird es bei der Vollendung der Weltzeit sein:**
41 **Der Menschensohn wird seine Engel senden, und sie**

---

die Zeit der Schöpfung. In ihr war es verborgen, mithin schon gegenwärtig.“) sollten sich von da her erübrigen.

[124] *Literatur*: BARTH, G., Auseinandersetzung um die Kirchenzucht im Umkreis des Matthäusevangeliums, ZNW 69 (1978) 158-177;9 BAUMBACH, G., Das Verständnis des Bösen in den synoptischen Evangelien, Berlin 1963 (ThA 19); GOEDT, M. DE, L'explication de la parabole de l'ivraie (Mt 13,36-43), RB 66 (1959) 32-34; JEREMIAS, J., Die Deutung des Gleichnisses vom Unkraut unter dem Weizen (Mt 13,36-43), in: ders., Abba 261-265; MAGUERIAT, D., L'église et le monbde en Matthieu 13,36-43, RTP 110 (1978) 111-129; ROLOFF, J., Das Reich des Menschensohnes. Ein Beitrag zur Eschatologie des Matthäus, in: Eschatologie und Schöpfung, FS E. Gräßer, hg. M. Evang u.a., Berlin/New York 1997 (BZNW 89) 275-291; THEISOHN, J., Der auserwählte Richter, Göttingen 1975 (StUNT 12).

werden aus seinem Reich alle Ärgernisse und alle die sich gesetzlos verhalten, einsammeln
42 **und sie in den Feuerofen werfen. Dort wird Heulen und Zähneknirschen sein.**
43 **Dann werden die Gerechten leuchten wie die Sonne im Reich ihres Vaters. Wer Ohren hat, der höre!"**

Die Deutung des Unkrautgleichnisses ist im Wesentlichen durch Matthäus konzipiert und formuliert. Dafür sprechen nicht nur sprachliche und inhaltliche Indizien, sondern vor allem auch der Umstand, dass bereits das Gleichnis selbst weithin die Handschrift des Evangelisten trägt[125]. Trotzdem wurde die literarische Einheitlichkeit der Deutung in Zweifel gezogen. Der auffällige erzählerische Bruch zwischen V.39 und V.40 gab nämlich Anlass zu literarischen Dekompositionsversuchen und – damit zusammenhängend – zur Vermutung, Matthäus habe in V.40-43 ein vorgegebenes Traditionsstück eingearbeitet, nämlich eine kleine apokalyptische Gerichtsszene[126]. Dafür könnten in der Tat Form und Terminologie dieses Abschnitts sprechen[127]. Aber da auch ihm die theologisch zentralen Begriffe – so vor allem „Reich des Menschensohnes" und „Reich ihres Vaters" auf matthäische Autorschaft zurückverweisen, sollte man zögern, ihn insgesamt als vorformuliertes Quellenstück auszugeben. Eher hat Matthäus hier einfach auf das ihm geläufige Vorstellungsinventar apokalyptischer Gerichtsschilderungen zurückgegriffen, um damit den inhaltlichen Schwerpunkt seiner Gleichnisdeutung zu markieren.

[125] Eingehender Nachweis bei JEREMIAS, Deutung. So u. a. auch BAUMBACH 59; BARTH 167f; LUZ, Mt II 338f.

[126] THEISOHN 190-202 vermutet hinter V.40-43 ein von den Gerichtsschilderungen des äthHen beeinflusstes apokalyptisches Traditionsstück als Vorlage; ähnlich GNILKA Mt I 499f.

[127] Hingegen spricht kaum etwas für die konkurrierende These, wonach in V.37-39 ein vormt Traditionsstück vorliege. So FRIEDRICH, Gott im Bruder? 86-87 (auf Grund einer methodisch anfechtbaren wortstatistischen Untersuchung) und WEDER, Gleichnisse 124 (auf Grund wenig überzeugender inhaltlicher Argumente). Dagegen LUZ, Mt II 338f.

Dieser erfährt dabei gegenüber dem Gleichnis eine Verschiebung: War es dort um die unerschütterliche Gewissheit des Hausherren gegangen, trotz aller Schwierigkeiten und Hindernisse am Ende doch noch eine Ernte zu erhalten – um eine Deutung der Gegenwart also aus der Perspektive Gottes –, so liegt hier alles Gewicht auf der Zukunft, als auf dem Geschehen des kommenden Gerichts. Matthäus rekapituliert also gleichsam die vorher erzählte Geschichte aus einem veränderten Blickwinkel. Den ursprünglich zentralen Mittelteil der Geschichte (V.26-29) lässt er dabei völlig beiseite. Wichtig sind für ihn nur mehr ihr Anfang und ihr Ende. Dabei ist er bestrebt, den Anfang in das Licht des Endes zu stellen. So beschränkt er sich in V.37-39 auf eine listenartige Entschlüsselung jener sieben Metaphern der Geschichte, die für das Verständnis seiner Darstellung des Endgeschehens von Bedeutung sind:

der Sämann	=	der Menschensohn
der Acker	=	die Welt
der gute Same	=	die Söhne des Reiches
der Lolch	=	die Söhne des Bösen
der Feind	=	der Teufel
die Ernte	=	die Vollendung der Weltzeit
die Schnitter	=	die Engel

Damit wird an den Anfang der Geschichte erinnert; zugleich aber werden innerhalb dieses Anfangs die für das Folgende maßgeblichen Akzente gesetzt. War in V.24.27 die Identität des Säenden bzw. des Hausherrn so in der Schwebe gelassen worden, dass sich der Gedanke an Gott nahe legte, so kommt es nun zu einer eindeutigen Identitätsfestlegung auf den „Menschensohn“. Damit erfolgt eine christologische Zuspitzung. Indem nun der „Feind“ mit dem „Teufel“ identifiziert wird, werden beide – der „Menschensohn“ und der „Teufel“ – als die zentralen Handlungsträger der Geschichte hervorgehoben und einander gegenübergestellt, wobei freilich schon durch die Anordnung – der Teufel erhält den drittletzten Platz in der Liste – der Gedanke an eine Gleichgewichtung beider Kontrahenten abgewehrt wird.

Auf der damit geschaffenen Grundlage wird nun in V.40-43 der Schlussteil der Geschichte neu dargeboten, nämlich als breit ausgeführte Erzählung des Endgeschehens. Deutlich ist zunächst: Der Teufel wird hier weder direkt erwähnt, noch tritt er indirekt als Handlungsträger in Erscheinung. Allein handelndes Subjekt beim kommenden Gericht ist der Menschensohn. Ebenso wird auch die Welt nicht mehr erwähnt. Sie fällt jedoch nicht ersatzlos aus; an ihre Stelle tritt nämlich die βασιλεία des Menschensohnes. Aus ihr entfernen seine Gehilfen, die Engel, alle Ärgernisse und Unrechttäter, also die „Söhne des Teufels", die jener in die „Welt" gesät hat. Diese Gleichsetzung der Welt mit dem Reich des Menschensohnes ist zweifellos die beabsichtigte zentrale Überraschungspointe. Kaum weniger überraschend ist die Abschlusswendung, die vom Eingehen der vollendeten Gerechten in das „Reich ihres Vaters" als dem Ziel des Heilsgeschehens spricht (V.43a), impliziert sie doch eine Unterscheidung zwischen dem „Reich des Menschensohnes" und dem Reich Gottes (vgl. 23,36). Man sollte sie in Anbetracht des sorgfältig differenzierenden Umgangs des Matthäus mit dem βασιλεία-Begriff beim Wort nehmen[128]. Im Unterschied zu seiner sonstigen Rede von der βασιλεία τῶν οὐρανῶν spricht er hier wie in 16,28 (s.dort; vgl. 20,21) von der dem Menschensohn eigenen, von ihm gebrachten βασιλεία. ADOLF SCHLATTER hat den Befund in klassischer Präzision umschrieben: „Von Christus wird gesagt: ἔρχεται ἐκν τῇ βασιλεία. Er hat sie, sie ist die seine, und er bringt sie mit sich."[129]

Das Reich des Menschensohnes wird nicht einfach mit dem κόσμος, der Menschenwelt, gleichgesetzt. Wohl aber wird ein Zusammenhang zwischen beiden angedeutet. Zum einen erscheint der κόσμος als der „Acker", auf dem der Menschensohn seinen guten Samen, nämlich die „Söhne

---

[128] Souverän überspielt wird diese Unterscheidung u.a. bei BULTMANN, Tradition 203, Anm.1; MAGUERAT 94; COLPE, C., ThWNT VIII 464: Hierzu ROLOFF (1997) 277f.

[129] SCHLATTER, Mt 524f.

des Reiches“ ausgesät hat (V.38). Zum andern aber wird der Menschensohn im zukünftigen Gericht „aus seinem Reich“ „Ärgernisse und Übeltäter“ entfernen lassen (V.41b). Sein Reich entsteht in der Welt erst dadurch, dass der Menschensohn in sie die der βασιλεία angehörigen Menschen hinein gibt. Indem gleichzeitig auch der Widersacher die ihm und seiner gottfeindlichen Sphäre angehörenden Menschen in die Welt hinein gibt, wird in der Gegenwart das Reich des Menschensohns bedrängt und an seiner Entfaltung gehindert. Es ist also kein vollkommenes Endstadium, vielmehr gibt es in ihm noch Ärgernisse und Täter der Gesetzlosigkeit. Erst durch deren Entfernung im kommenden Gericht wird dem Reich des Menschensohnes der ihm zukommende Raum eröffnet: der gesamte κόσμος. Das Thema der Gleichnisdeutung ist das Handeln des Menschensohnes, das auf die Durchsetzung seines Reiches in der gesamten Menschenwelt ausgerichtet ist. Dieses Handeln wird trotz der gegenwärtigen Gefährdung durch den Widersacher im zukünftigen Gericht zum Ziel kommen. Dann nämlich wird der Menschensohn die Folgen des Wirkens des Widersachers endgültig aus „seinem Reich“ entfernen, so dass sein Reich als das in Erscheinung treten wird, was es von Anfang an sein sollte: die Sammlung der „Söhne des Reiches“ in der gesamten Menschenwelt[130]. Doch hat damit das erzählte Geschehen noch nicht sein letztes Ziel erreicht. Dieses ist der Eingang der „Söhne des Reiches“ in das „Reich ihres Vaters“ (V.43). Das – sowie die hier eingesetzte apokalyptische Gerichtstopik[131] – entspricht ganz dem üblichen Duktus matthäischer Eschatologie. Konstitutiv für diese ist die Konzeption eines dem Reich Gottes vorgelagerten Reiches des Menschensohns,

---

[130] BERGER, Theologiegeschichte 338.

[131] Vgl. äthHen 58,3: „Und die Gerechten werden im Licht der Sonne und die Auserwählten im Licht des ewigen Lebens sein, und die Tage ihres Lebens (werden) ohne Ende und die Tage der Heiligen ohne Zahl (sein)“; verner äthHen 38,4; 39,7; 50,1. Vgl. THEISOHN 193-200.

die sich im NT sonst nur noch bei Paulus (1Kor 15,24-26) in so klar ausgeprägter Form findet[132].

Aber dieser eschatologische Ausblick markiert schwerlich die erzählerische Pointe der Gleichnisdeutung. Es geht in ihr weder um die Frage nach dem individuellen Schicksal der Menschen im Gericht, noch um Warnung oder Drohung[133]. Ebenso wenig geht es – wie schon im Gleichnis selbst – um Ekklesiologie[134]. Beherrschend ist vielmehr eine christologische Fragestellung: Wie werden Botschaft und Wirken Jesu, des Menschensohnes, gegenüber der gesamten Menschenwelt wirksam und kommen in ihr zum Ziel?

Dass mit dem auf dem Acker der Welt säenden Menschensohn nicht der irdische Jesus gemeint sein kann, ergibt sich schon aus der von Matthäus betonten Konzentration dessen vorösterlichen Wirkens auf Israel. Die leitende Perspektive ist vielmehr die von Mt 28,19f: Aussaat geschieht, indem die Jünger durch den Erhöhten nachösterlich zu universaler, weltweiter Verkündigung ausgesandt werden[135]. Im Blick ist also primär die Zeit zwischen Ostern und Parusie, die Gegenwart also, auf die sich der Auftrag der Jünger bezieht.

Von da her hat es also seinen guten Sinn, wenn die Gleichnisdeutung sich speziell an die Jünger richtet. Matthäus schmuggelt in V.36 keineswegs das von ihm verworfene

---

132 BERGER, Theologiegeschichte 337f, verweist zu Recht auf Anklänge an diese Konzeption in der Vorstellung der dem Weltgericht vorausgehenden tausendjährigen Christusherrschaft in Offb 20.

133 Anders LUZ, Mt II 341, in Überbewertung der traditionellen Gerichtsmotive: Die Deutung sei paränetisch ausgerichtet als Warnung an die Jünger. Sie sollen „aufpassen, dass sie nicht zu den σκάνδαλα und den Tätern der Gesetzlosigkeit gehören."

134 Traditionelle Auslegung fand hier zwar die biblische Begründung für das Verständnis der Kirche als *corpus permixtum.* Aber das Problem der Koexistenz von echten und falschen Christen ist hier so wenig angesprochen wie das des Abfalls vom Glauben; vgl. DAVIDS/ALLISON Mt II 430; GUNDRY, Mt 275.

135 Vgl. SCHWEIZER, Mt 202: „Das Reich des Menschensohns umfasst also insofern die ganze Welt, als er überall verkündigt wird."

Jüngerunverständnis-Motiv zur Hintertür wieder herein. Die Jüngerbitte bezieht sich auf eine Ausdeutung des Unkrautgleichnisses, *die speziell ihren Auftrag und ihre Funktion im Blick hat.* Grundsätzlich dürfte dabei eine gewisse Deutungsbreite der Gleichnisse Jesu vorausgesetzt sein.
V.36: Die neue Situationsangabe ist auf die von V.1 rückbezogen: Hatte Jesus dort das Haus verlassen, um sich am See den Volksmengen zuzuwenden, so führt ihn nun sein Weg in das Haus zurück – seine Zuwendung zum Volk ist abgeschlossen. Nicht an ein bestimmtes Haus ist dabei gedacht, sondern an den typischen Ort vertrauter Gemeinschaft Jesu mit den Jüngern. Hier dürfen die Jünger erwarten, dass sich Jesus ihnen in besonderer Weise lehrend zuwendet. Deshalb ihre Bitte um eine Erklärung des Gleichnisses „vom Lolch auf dem Acker", die dessen Bedeutung speziell für ihren Kreis erschließt. Das Verb διασαφεῖν gehört nicht zu den spezifischen Termini apokalyptischer Geheimnisdeutung[136]; es hat vorwiegend die Bedeutung „melden, erzählen, genau schildern, erklären" (1Makk 12,8; 2Makk 1,18 u.ö.) – so auch an der einzigen weiteren ntl. Belegstelle Mt 18,31[137]. Jesus soll also das Gleichnis *speziell für die Jünger* nochmals erzählen.
V.37: Die erbetene Neuerzählung setzt ein mit einem lexikonartigen Deutungskatalog, der den ersten Gleichnisteil nur stichwortartig rekapituliert und damit die Voraussetzung für die Neudeutung des zweiten Teils schafft, von der her dann freilich auch der erste Teil in ein neues Licht gerückt wird. Und wohl nicht nur er: Offensichtlich soll der Deutungskatalog darüber hinaus auch bestimmte Akzente verstärken, die Matthäus bereits in den vorhergegangenen Redeteilen gesetzt hatte. So wird an erster Stelle der „Menschensohn" benannt. Er ist der zentrale Aktant des Un-

[136] Nur Dan 2,6 LXX erscheint es in diesem Zusammenhang.
[137] Noch unspezifischer ist die breit bezeugte LA φράσον (ℵ[2]CDLWf[1.13]). Für ihre Ursprünglichkeit könnte – trotz der Bezeugung von διασάφον durch die qualitativ besseren HSS – der Umstand sprechen, dass es sich bei ihr um die schwierigere LA handelt (so JEREMIAS, Abba 261, Anm.3).

krautgleichnisses. Dass mit ihm nicht nur der irdische Jesus, sondern auch – und vor allem – der Weltrichter gemeint ist, soll dessen zweiter Teil verdeutlichen. Darüber hinaus erhält durch diese Benennung auch der bislang unidentifiziert gebliebene Sämann von V.3 ein Gesicht.
V.38: Unmittelbar mit dem Menschensohn als Sämann gehört das von ihm Ausgesäte zusammen. „Söhne der βασιλεία" sind die der βασιλεία zugehörigen Menschen. Im Sinn des Matthäus sind das jene, die die βασιλεία vermöge ihres Gehorsams repräsentieren und so als neue, endzeitliche Realität in der Welt sichtbar werden lassen. Sind damit hier die Jünger gemeint, so steht das zwar in Spannung, nicht aber in Widerspruch zu 8,12, wo die Juden als „Söhne der βασιλεία" erschienen waren: Jesu Jünger sind es, die sich nach 21,43 als „das Volk, das Frucht bringt" – und damit als das endzeitliche Gottesvolk – erweisen. Im Übrigen bestätigt Matthäus hier abschließend seine bereits in V.18-23 gegen die Tendenz der Markus-Vorlage eingebrachte Deutung des Ausgesäten auf Menschen bzw. Menschengruppen. Negatives Korrelat zum guten Samen ist der Unkrautsame: Bei ihm handelt es sich um Menschen, die der Art des „Bösen" entsprechen, also des – hier zweifellos personhaft gedachten[138] – Widersachers des Menschensohnes. Die so implizierte radikal dualistische Darstellung ist bestimmt durch eine Sichtweise vom Gericht her, die nach den abschließenden Resultaten fragt. Dass Matthäus keine prädestinatianische Sicht vertritt, wird nicht zuletzt von V.18-23 her deutlich, wo das Ausbleiben von Frucht sehr differenziert auf unterschiedliche lebensgeschichtliche Vorgänge zurückgeführt wird, in denen freie menschliche Entscheidungen durchaus ihre Rolle gespielt haben.

[138] Der Gen. τοῦ πονηροῦ ist zweifellos maskulinisch zu verstehen (vgl. Apg 13,10; 1Joh 3,10). Dafür spricht vor allem 13,19, wo mit ὁ πονηρός (13,19) die Wendung ὁ σατανᾶς der markinischen Vorlage (Mk 4,15) wiedergegeben wird. Vgl. JEREMIAS, Abba 263.

V.39: Wenn der „Böse" nun direkt als der διάβολος, und damit als der Widersacher Gottes und Jesu schlechthin identifiziert wird, so ist dies durch die Versuchungsgeschichte (4,1.5.8.11; s. dort; vgl. auch 25,41) vorbereitet. Die Ernte ist in der Gedankenwelt jüdischer Apokalyptik geläufiges Bild für das Gericht am Ende der gegenwärtigen Weltzeit (Jer 51,33; Joel 3,13; SyrBar 70)[139], wobei das in ihm enthaltene reiche metaphorische Inventar gern zur Entfaltung verschiedener Aspekte der Gerichtstopik ausgewertet wird. Zu diesem gehört die – auch in Offb 14,15 aufgenommene – Deutung der Schnitter auf die Gerichtsengel.
V.40: Die zweite Deutungsphase ist in sich eine kleine Apokalypse. Sie beginnt, indem sie – an das unmittelbar vorher über die Engel als Schnitter gesagte anknüpfend – deren Auftrag innerhalb des Gerichtsgeschehens ausmalt, wobei sie sprachlich die Form des deutenden Vergleichs (ὥσπερ – οὕτως; vgl. 12,40; 24,27.37) aufnimmt: *Wie* Schnitter bei der Ernte mit dem Lolch verfahren, *so* die Engel am „Ende der Zeit": Sie werden ihn verbrennen. Damit ist ein Zentralpunkt apokalyptischer Gerichtstopik erreicht, die Vernichtung der Bösen, Gottwidrigen, im Feuerbrand (3,12; vgl. Mk 9,47; Offb 8,5; 16,8; 20,9.14f u.ö.)[140].
V.41f: Die Verse entfalten diesen Topos zwar weiter. Die Ausführlichkeit, in der das geschieht, mag zwar ein besonderes matthäisches Interesse an ihm widerspiegeln. Er markiert jedoch schwerlich das eigentliche Ziel des Ganzen. Zu beachten ist nämlich der Wechsel der Darstellungsform: Der deutende Vergleich wird verlassen, alles Weitere wird in einen Aussagesatz gekleidet, in dem der Menschensohn als handelndes Subjekt erscheint. Dass er im Gerichtsgeschehen der Handelnde ist, dass er als Weltrichter die Folgen des Wirkens des Widersachers endgültig aus

[139] Der geläufige jüdische Ausdruck συντέλεια αἰῶνος (hierzu Bill. I 167; SCHLATTER, Mt 445) ist auch matthäische Vorzugswendung (V.40.49; 24,3; 28,20).
[140] Vgl. LICHTENBERGER, H., EWNT III 477-484.

„seinem Reich“ austilgt und so diesem Reich den ihm zukommenden Raum – nämlich den gesamten κόσμος – eröffnet, darin dürfte die eigentliche Pointe zu suchen sein. Ausgesondert aus ihm werden auf das Geheiß des Menschensohnes hin diejenigen, die durch ihr Verhalten seinen Willen übertreten haben; auch hier ist es also wieder das Ethos, das die Menschen hinsichtlich ihrer Zugehörigkeit charakterisiert. Mit πάντα τὰ σκάνδαλα dürften (in Anspielung auf Zeph 1,3) nicht Verhältnisse und Vorgänge gemeint sein, die Anstoss zum Unrechttun geben, sondern vielmehr Menschen, die durch ihr Unrechttun zum Anstoss ihrer eigenen Heillosigkeit werden (vgl. 18,6)[141]. Die Topik des die Gottlosen vernichtenden Feuers wird nochmals steigernd aufgenommen mit einem wörtlichen Zitat aus Dan 3[142], das in drastischer Bildhaftigkeit das Gericht als Feuerofen darstellt, in dem die Frevler verbrannt werden. Matthäus schließt daran die für seine Gerichtsausblicke charakteristische Vorzugswendung vom „Heulen und Zähneknirschen“ an (V.50; vgl. 8,12; 22,13; 24,51; 25,30). Trotz ihrer Drastik bleibt diese Gerichtsschilderung insofern nur ausschnitthaft und partiell, als sie ein Gericht über die „Söhne des Reiches“ unerwähnt lässt und sich einzig auf das Geschick der „Söhne des Bösen“ konzentriert. Was hier interessiert, ist allein die endzeitliche Vollendung des Reiches des Menschensohnes. Sie steht denn auch in V.43, dem abschließenden eschatologischen Ausblick, im Mittelpunkt.

V.43: Auch hier geht es nicht um das individuelle Schicksal der „Gerechten“, sondern um die Umschreibung des Ziels, auf das das Handeln des Menschensohnes ausgerichtet ist. Erreicht wird dieses Ziel sein, wenn die Gerechten als Vollendete in das „Reich ihres Vaters“ eingehen. Wenn von ihnen gesagt wird, dass sie, „der Sonne gleich“, in ihm

---

[141] Zu Grunde liegt Zef 1,3 nach einem der Symmachus-Übersetzung verwandten Text: σκάνδαλα σὺν τοῖς ἀσεβέσιν. Hierzu GIESEN, H., EWNT III 594f.

[142] Es erscheint in Dan 3,6-22 LXX und Θ nicht weniger als 6mal.

„leuchten werden", so ist dies ein in biblischer Sprache vorgeprägter bildhafter Hinweis auf den Status eschatologischer Fülle und Vollendung[143]. Das Reich des Menschensohnes bleibt nicht Ende in sich selbst. Es ist ausgerichtet auf das Reich Gottes selbst, auf Gottes zukünftig vollendete, sichtbar alle Bereiche umfassende Herrschaft. Der Gedanke, dass Christus nach Ausschaltung aller widergöttlichen Kräfte und Mächte sein Reich an den Vater übergeben werde (1Kor 15,25ff) wird in dieser Aussage zwar nicht entfaltet, steht jedoch zweifellos als Voraussetzung hinter ihr[144].

2. Auslegung von 13,44-46:
Gleichnispaar vom Schatz und von der Perle[145]

44 **Mit dem Himmelreich steht es wie mit einem in einem Acker verborgenen Schatz. Ein Mensch fand ihn und verbarg ihn. Und in seiner Freude geht er hin und verkauft alles, was er hat, und kauft jenen Acker.**

45 **Wiederum steht es mit dem Himmelreich wie mit einem Kaufmann auf der Suche nach schönen Perlen.**
46 **Er fand eine besonders wertvolle Perle, ging weg und verkaufte alles, was er hatte, und kaufte sie.**

Trotz im Einzelnen recht unterschiedlicher Handlungsverläufe sind die beiden kurzen Gleichnisse formal gleich aufgebaut: Am Anfang steht jeweils eine Themaangabe, die nach demselben Schema wie V.24.31.33 gestaltet ist: Ein-

[143] Dan 12,3Θ; äthHen 39,7; 104,2; vgl. auch Mt 17,2.
[144] So mit LUZ, Mt II 340; gegen GNILKA, Mt I 502; HAGNER, Mt I 394.
[145] *Literatur*: CROSSAN, J. D., Hidden Treasure Parables in Late Antiquity, SBL 1976, Seminar Papers, Missoula (Mt), 1976, 359-379; DERRETT, J.D.M., The Treasure in the Field, ZNW 54,1963, 31-42; DUPONT, J., Les paraboles du trésor et de la perle, NTS 14 (1968) 408-418; GLOMBITZA, O., Der Perlenkaufmann, NTS 7 (1960/61), 153-161; MERKLEIN, H., Die Gottesherrschaft als Handlungsprinzip, Würzburg ³1984 (fzb 34), 64-69.

leitungswendung ὁμοία ἐστιν ἡ βασιλεία τῶν οὐρανῶν mit anschließender Nennung des bestimmenden Faktors der Geschichte im Dativ (V.44a.45). Es folgt, in einem einzigen Satz zusammengefasst, die eigentliche Erzählung (V.44b.46). Diese beschränkt sich auf stichwortartige Angaben zu einem Grundszenario. Die darin fast überreich angelegten Möglichkeiten dramatischer erzählender Ausgestaltung bleiben jedoch ungenutzt. Dies lässt vermuten, dass Matthäus hier entweder auf Notizen zurückgreift, die in seiner Gemeinde als Merkhilfen für das Erzählen von Gleichnissen Jesu bestanden, oder – was aufgrund der zahlreichen matthäischen Spracheigentümlichkeiten noch wahrscheinlicher ist – dass Matthäus selbst sie zunächst zu diesem Zweck zusammengestellt hatte, um sie dann ohne weitere ausgestaltende Bearbeitung in sein Evangelium zu integrieren. Mit anderen Worten: Die vorliegende Fassung könnte demnach den Übergang von der älteren mündlichen Überlieferung zur Erstverschriftung markieren, wobei damit zu rechnen wäre, dass „frühere Erzähler/innen in der Gemeinde sie anders akzentuiert oder ausführlicher erzählt haben."[146] Dass beide Gleichnisse auf Jesus selbst zurückgehen, ist zwar in hohem Grade wahrscheinlich, eine auch nur annähernde Rekonstruktion ihrer Ursprungsgestalt ist jedoch angesichts der Quellenlage unmöglich.

Auch das Thomasevangelium (log 109 und 76) enthält beide Gleichnisse. Es bietet sie jedoch in Versionen, die sich als von Matthäus abhängig erweisen[147]. Die Differenzen sind nicht als Reste eines älteren Traditionsstadiums, son-

---

[146] LUZ, Mt II 350.

[147] Besonders deutlich ist das beim Gleichnis von der Perle (EvTh 76): „Das Reich des Vaters gleicht einem Kaufmann, der eine Warenladung hatte (und) eine Perle fand. Der kluge Kaufmann verkaufte die Warenladung; er kaufte sich einzig die Perle. Sucht auch ihr für euch nach dem Schatz, der nicht vergeht, der bleibt, dem Ort, in den keine Motten eindringen, um zu fressen und (in dem) kein Wurm zerstört". Das Gleichnis wird hier mit einer aus Mt 6,19f entlehnten Deutung kombiniert, die – ganz im gnostischen Sinn – die Unvergänglichkeit der Perle hervorhebt.

dern – im Gegenteil – als Folgen der Überformung durch gnostische Sichtweise[148] zu beurteilen[149].
Damit muss auch offen bleiben, ob die beiden Gleichnisse von Anfang an als Doppelgleichnis konzipiert waren. Deutlich ist lediglich: Matthäus will sie – wie vorher schon die Gleichnisse vom Senfkorn und Sauerteig – als Gleichnispaar verstanden wissen. Darauf deutet neben der die beiden Gleichnisse unmittelbar zusammenschließenden Übergangswendung πάλιν vor allem der Umstand, dass die Geschehensabläufe beider Gleichnisse dem gleichen Grundschema folgen: (1.) der Handlungsträger macht einen *Fund* (εὑρῶν); (2.) er lässt sich dadurch *in Bewegung* setzen (ὑπάγει - ἀπελθῶν); (3.) er *verkauft* seinen ganzen Besitz; (4.) er *kauft* das Gefundene. Auch die beiden Themenangaben sind – wie schon die in V.31 und V.33 – weitgehend parallel gestaltet. Eine gewisse Variationsbreite zeigt sich lediglich darin, dass in V.45 das Himmelreich nicht, wie zu erwarten wäre, mit der Perle, sondern mit dem Kaufmann in Verbindung gebracht wird. Doch das ist durch den Erzählduktus bedingt: Die Perle tritt erst als Ergebnis des Suchens und damit als Überraschungsmoment in Erscheinung.
Hinsichtlich des Versuches, darüber hinaus weitere Querbezüge und Entsprechungen zwischen beiden Gleichnissen aufzuweisen, ist größte Zurückhaltung geraten. Soll etwa dem reichen Perlenkaufmann ein armer Bauer gegenübergestellt werden? Sind beide Handlungsträger als Repräsen-

[148] Das ist besonders deutlich in der Fassung des Gleichnisses vom Schatz (EvTh 109: „Das Reich gleicht einem Manne, der auf seinem Acker einen [verborgenen] Schatz hat, von dem [er] nicht weiß. Und [nach] seinem Tode ließ er den Schatz seinem [Sohn. Der] Sohn wusste nicht (davon). Er nahm jenen Acker; er verkaufte ihn. Und der, welcher ihn gekauft hatte, kam. Beim Pflügen [fand er] den Schatz. Er begann, Geld zu geben auf Zinsen denen, die er wollte.“ In der neu eingeführte Gestalt des Sohnes wird der wahre Gnostiker als Identifikationsfigur für die Leser eingeführt.

[149] DEHANDSCHUTTER, B., La parabole de la perle (Mt 13,45-46) et l’Évangile selon Thomas, EthL 55 (1979) 243-265.

tanten zweier gegensätzlicher kultureller Milieus, nämlich von Land und Stadt, zu sehen? Oder geht es um zwei komplementäre Möglichkeiten des Findens des Himmelreichs – einem Finden aus Zufall und einem Finden als Ergebnis angestrengten und zielbewussten Suchens? Das mögen an sich ansprechende Vermutungen sein – aber keine von ihnen wird durch den Wortlaut des Textes gestützt.
Was kann der Blick auf den Kontext zum inhaltlichen Verständnis beitragen? Auch hier ist Zurückhaltung geboten. Direkte begriffliche oder thematische Verbindungen finden sich nicht. Assoziationen zu den vorhergegangenen Ackergleichnissen, die das Stichwort „Acker" (V.44) nahe legen könnte, wären allenfalls dann stichhaltig, wenn der Acker auch hier allegorisch auf die Welt zu deuten wäre. Dafür jedoch fehlt jeder Hinweis. Ebenso wenig hat der in V.44 als Handlungsträger erscheinende „Mensch" mit jenem von V.24 oder gar mit dem „Menschensohn" von V.37 zu tun[150]. Und obwohl Matthäus das Gleichnispaar formal eng an das nachfolgende Fischnetzgleichnis (V.47f) heranrückt, ist eine inhaltliche Verbindung zu ihm nicht erkennbar. Es wirkt – im Gegenteil – angesichts der engen thematischen Verwandtschaft zwischen dem Unkrautgleichnis bzw. dessen Deutung und dem Fischnetzgleichnis eher als ein den natürlichen Duktus unterbrechender Fremdkörper. Was das Doppelgleichnis mit dem Kontext verbindet, ist also lediglich das übergreifende Thema der βασιλεία.
Aber diese allgemeine Feststellung fordert zugleich zu einer Differenzierung heraus: Hier wird dieses Thema unter einem anderen Aspekt zur Sprache gebracht als in den übrigen Gleichnissen des Kapitels. Geht es dort um das Erscheinen der βασιλεία in der Menschenwelt, ihre Durchsetzung und ihre Vollendung, also um eher globale Aspek-

[150] BURCHARD 91-95 plädiert dafür, dass beide Identifikationen in den Gleichnissen vollzogen werden, und favorisiert von da her eine Deutung beider Gleichnisse als christologische Allegorien, die Weg und Geschick Jesu nachzeichnen. Das ist zwar geistvoll, aber abwegig, u. a. deshalb, weil es dem Gesamtduktus von Mt 13 widerspricht.

te, so handelt das Doppelgleichnis von dem, was sich in der Begegnung einzelner Menschen mit ihr ereignet. Eine eher individualisierende Sichtweise gewinnt also hier Raum. Damit aber fügt es sich gut in den mit V.36 beginnenden Redeteil, in dem sich Jesus ausschließlich den Jüngern zuwendet. Die beiden kleinen Gleichnisse dürften deren spezifische, durch die existentielle Verbindung mit der βασιλεία bestimmte Lebenssituation thematisieren. Es handelt sich – wie ERNST LOHMEYER zu Recht herausgestellt hat – um ausgesprochene Jüngergleichnisse[151]. Beide Gleichnisse sind Parabeln: Bei aller stichwortartigen Kürze lassen sie erkennen, dass es um ungewöhnliche, ja extravagante Vorgänge und Verhaltensweisen geht. Dabei nehmen sie Anleihen sowohl bei geläufigen volkstümlichen Erzählmotiven wie auch bei weisheitlichem Bildmaterial auf. So ist das Verstecken, Suchen und Entdecken von Schätzen ein Topos, der menschliche Phantasie zu allen Zeiten beflügelt hat. Die Antike kannte zahllose Geschichten von armen, frommen Menschen, die durch unerwartete Schatzfunde für ihren Fleiß und ihre Tugend belohnt wurden[152]. Der Schatz, bzw. Gold und Silber als dessen reguläre Bestandteile, erscheinen als geläufige Metaphern für die Weisheit: Es gilt, die Weisheit zu suchen „wie Silber", nach ihr zu forschen „wie nach Schätzen" (Spr 2,4), wobei der Vergleich durch die Einsicht gebrochen wird, dass der Erwerb von Weisheit „besser als Silber" ja sogar „besser als Gold" ist (Spr 3,14; 8,19; 16,16). In der Tat galt in der Antike die Perle als den Edelmetallen Gold und Silber an Wert überlegen. Schöne Perlen waren der Inbegriff des

[151] LOHMEYER 43: „So begreift es sich auch, dass Matthäus diese Parabel, die doch den bisherigen an das Volk gerichteten in Form und Inhalt gleichgeartet ist, hier einordnet; es ist in der Tat eine Parabel für Jünger."

[152] Eine instruktive Zusammenstellung jüdischer Schatzfund-Erzählungen bietet Bill I 674. Apollonius von Tyana kauft für einen armen Mann einen Acker mit einem Schatz: Die Aussteuer für dessen heiratsfähige Töchter ist damit gesichert (Philostr Vit Ap 6,39f.). Weiteres Material: LUZ, Mt II 350f.

Kostbaren schlechthin[153] und wurden zu horrenden Preisen gehandelt. Den einzigartigen Wert der Gaben, die Gott seinen Frommen schenkt – der Tora oder auch der Weisheit – durch den Vergleich mit der Perle zu veranschaulichen, lag darum nahe[154]. Trotzdem betont die Weisheitsliteratur den unvergleichlichen Mehrwert der Weisheit selbst gegenüber der Perle (Spr 3,14f; 8,11; Hiob 28,18[155]). Jedenfalls bringt das von einer Perle handelnde zweite Gleichnis eine Steigerung gegenüber dem ersten, in dem „nur" von einem aus Silber und Gold bestehenden Schatz die Rede ist.
Obwohl der Erzählduktus beider Gleichnisse klar ist, tun sich die Ausleger mit der Bestimmung ihres zentralen Vergleichspunkts ausgesprochen schwer[156]. Im Wesentlichen haben *vier unterschiedliche Positionen* die neuere Diskussion beherrscht. (a) Viele stellen das Opfer, das die Finder um des Fundes willen bringen, als das Entscheidende heraus[157]. Aber die Schwere persönlicher Entscheidungsprozesse, wie sie für das Erbringen des Opfers kennzeichnend ist, wird mit keinem Wort angedeutet. Betont ist – im Ge-

---

[153] Hierzu HAUCK, F., ThWNT IV 476.

[154] z. B. Schab 119a = Bill I 675.

[155] Eine aufschlussreiche Parallele bietet die (ebenfalls auf die Weisheit bezogene) Interpretation von Hiob 28,18 in TestHiob 18,6-8. Sie vergleicht den Weisen mit einem zur See fahrenden Kaufmann, der, als gefährliche Winde und Wogen sein Schiff bedrohen, die Ladung über Bord wirft und spricht: „Ich will alles verlieren, wenn ich nur in diese Stadt komme, um Besseres zu ererben als die Ladung und das Schiff." (Übersetzung: SCHALLER, B., JSHRZ III/3, 340).

[156] Der wesentliche Grund dafür liegt im Charakter beider Gleichnisse als „epische Miniaturstücke ohne Dialogpartien" (HARNISCH 107): Da das dialogische Element, das sonst in Parabeln nähere Auskunft über die Motivation der Aktanten gibt, ausfällt, bleibt die Auslegung allein auf mehr oder weniger unsichere Rückschlüsse aus dem szenischen Aufriss angewiesen.

[157] So BULTMANN, Theologie 9: „Es gilt aber, für die Gottesherrschaft zu jedem Opfer bereit zu sein, - so wie der Ackersmann, der einen Schatz findet, alles dran gibt, um ihn in seinen Besitz zu bekommen oder wie der Händler alles verkauft, um die eine köstliche Perle zu erwerben (Mt 13,44-46)." Ähnlich SCHLATTER, Mt 446; SCHNIEWIND, Mt 172.

genteil – die Selbstverständlichkeit der Hingabe des Besitzes. (b) Hier liegt das Wahrheitsmoment der einflussreichen Deutung von JOACHIM JEREMIAS, die die alles Maß übersteigende Freude über das überraschende Finden in den Mittelpunkt stellt[158]. Gegen sie spricht allerdings, dass nur im ersten Gleichnis (V.44) diese Freude erwähnt wird. (c) Ausgehend von der – zweifellos richtigen – Beobachtung, dass es der „Mehrwert" der im Bild von Schatz und Perle dargestellten Gottesherrschaft ist, der die beiden Handlungsträger aktiviert, entwickelte EBERHARD JÜNGEL eine durch ihre theologische Konsequenz beeindruckende Deutung, in der die Gottesherrschaft selbst als das logische Subjekt beider Gleichnisse erscheint: Sie handelt, indem sie sich „als das alles überbietende Mehr" finden lässt[159]. Indem der Fund durch sein unvermutetes In-Erscheinung-Treten zum eigentlichen Handlungsträger wird, erscheint die Aktivität der beiden Finder als ein abgeleitetes, dadurch bestimmtes Geschehen. Der Fund hat den Findern die Entscheidung darüber, was sie zu tun haben, bereits abgenommen[160]. Das liegt zwar ganz auf der Linie klassischer protestantischer Dogmatik, die am leitenden Prinzip der Alleinwirksamkeit der göttlichen Gnade festhält und darum

---

[158] So JEREMIAS 199: Diese Freude lässt „die besinnungslose Hingabe des Köstlichsten ... zur blanken Selbstverständlichkeit" werden. Ähnlich SCHWEIZER, Mt 202; EICHHOLZ, Gleichnisse 115-119.

[159] JÜNGEL 144: „Die Gottesherrschaft holt, indem sie sich im Gleichnis finden lässt, den Hörer in das Gleichnis hinein."

[160] JÜNGEL 143f. zugespitzt entfaltet diesen Gedanken. FUCHS, E., Das Zeitverständnis Jesu, in: Ders., GA II, Tübingen ²1965, 304-376.334f: „Die Beziehung zwischen Gott und dem Menschen, für den Gott handelt" kann „nur darin bestehen und Bestand haben, dass dem Handeln Gottes auf der Seite des Menschen ein Nichthandeln entspricht – weil ja Gott schon gehandelt hat! ... Finden ist zunächst doch wohl ein Nichthandeln, keine Arbeit, auch keine Tat, sondern ein Ereignis, das mir widerfährt." Ähnlich WEDER 140f., der freilich diese Sichtweise nur für den historischen Jesus voraussetzt, während Matthäus den Akzent verschoben habe in Richtung auf „Einladung zu einer *ganzen Antwort*", und das heißt wohl: zur menschlichen Aktivität. Doch das bleibt angesichts der Nichtrekonstruierbarkeit einer jesuanischen Urform bloßes Postulat.

bestrebt ist, jeden Gedanken an ein Eigengewicht menschlichen Handelns im Heilsgeschehen vom Ansatz her auszuschalten[161], es hat jedoch keinen Anhalt am Duktus der beiden Gleichnisse. Der „Mehrwert" der Himmelsherrschaft ist in beiden nicht das Thema, sondern die undiskutierte Voraussetzung. Das, wovon sie handeln und wofür sie Leser und Leserinnen gewinnen möchten, ist jedoch ein bestimmtes, durch die Erkenntnis dieses Mehrwerts motiviertes Verhalten, das sie in seinen verschiedenen Phasen nachzeichnen. (d) Sachgemäß dürfte von da her ein Verständnis sein, das den Akzent auf die Aufforderung legt, „sich mit ganzem Einsatz auf die Himmelsherrschaft einzulassen" und diese zum alleinigen Handlungsprinzip zu machen[162]. Die βασιλεία ist bereits da und vorhanden. Sie ist nicht eine bloß gedachte und erhoffte Größe, sondern sie ist durch Jesu Erscheinung und Botschaft unwiderruflich in die konkrete menschliche Lebenswelt eingegangen. Das ist die Voraussetzung dafür, dass Menschen sie finden. Und von den Folgen solchen Findens handeln beide Gleichnisse. Die βασιλεία finden heißt, ihren alles Vorfindliche und Gegebene unendlich übersteigenden Wert erkennen und sich dadurch in Bewegung setzen zu lassen: Der glückliche Finder „geht hin", um das diesem Wert Angemessene zu tun: Er verkauft seine ganze Habe, gibt also alles preis, womit er in seinen Augen und denen seiner Umgebung der bisherigen Wertordnung entsprochen hat, um sich ganz und unter Verzicht auf jeden Rückhalt auf die βασιλεία einzulassen. Denn die βασιλεία ist mehr als nur ein den vorfindlichen Werten überlegener Wert, dem somit innerhalb der gegebenen Wertehierarchie die erste Stelle zukäme. Sie ist vielmehr das Neue, das die ganze bisherige Wertehierarchie und die von dieser bestimmten Handlungsnormen zerbricht. Sich an ihr auszurichten, bedeutet darum, beides hinter sich zu lassen. Eben das tun die beiden Aktanten der

[161] Vgl. hierzu die bedenkenswerten auslegungsgeschichtlichen Beobachtungen bei LUZ, Mt II 355.
[162] MERKLEIN 67f.

Gleichnisse: sie verkaufen ihren ganzen Besitz, alles also, was ihre Existenz in der bisherigen Werteordnung gesichert hat, um das Neue, das Himmelreich, zu erwerben. Dass das sehr konkret gemeint ist und keine Spiritualisierung verträgt, sollte deutlich sein[163]. Jüngerschaft ist Leben in ungeteilter Hingabe an das Himmelreich als den einzigen „Schatz" – und setzt damit radikalen Besitzverzicht voraus. Das haben die Leser und Leserinnen des Matthäus bereits aus 6,19-24 erfahren, und sie werden es in 19,16-22 nochmals lesen.
Gerade an der Betonung dieses Punktes wird deutlich, dass Matthäus beide Gleichnisse speziell als Jüngergleichnisse versteht. Dabei macht sich das rigorose Ethos der frühen Wanderradikalen bemerkbar, das ein theologisches Substrat seines Evangeliums bildet. Ihm liegt offensichtlich daran, es – zumindest in modifizierter Form – für die ganze Gemeinde verbindlich zu machen. Eine Unterscheidung zwischen engerem und weiterem Jüngerkreis gibt es für ihn nicht. Jünger und Jüngerinnen sind für ihn grundsätzlich alle Christusgläubigen, und das heißt: sie alle sind zur Teilhabe an der Himmelsherrschaft berufen und zur ungeteilten Befolgung des Willens Jesu verpflichtet. So erfahren die als Jünger und Jüngerinnen angesprochenen Leser und Leserinnen des Evangeliums hier, am Ende der Gleichnisrede was die Himmelsherrschaft speziell für sie bedeutet – als Chance wie auch als Herausforderung.

V.44: Es geht in der stereotypen Einleitungsformel (vgl. V.24.31.33.45.47) nicht um den Vergleich des Himmelreichs als einer statischen Größe, sondern um einen Vorgang, aus dem etwas über das Wesen des Himmelreichs erfahrbar wird, nämlich das *Verhalten* eines Menschen, der in einem Acker einen unerwarteten Schatzfund macht. Wer dieser Mensch ist – ob der Pächter des Ackers oder nur ein armer Taglöhner – und wieso er auf den Schatz stößt – hat er auf dem Feld gearbeitet? – ist ihm ein vertraulicher Hin-

---

[163] Zu Recht betont bei LUZ, Mt II 352f.

weis auf den Schatz gegeben worden? – bleibt ebenso ungeklärt wie Herkunft, Aussehen und Inhalt des Schatzes. Man mag ihn sich am ehesten als eine mit Münzen oder Schmuckgegenständen gefüllte Kiste vorstellen. Das Interesse der Erzählung konzentriert sich lediglich auf einen einzigen Punkt: Die Reaktion des Finders. Umsichtig tut er, was nach Lage der Dinge erforderlich ist, um den Schatz in seinen Besitz zu bekommen. Klar dürfte dabei sein: der einzige einigermaßen legale Weg dazu ist der Kauf des Ackers[164]. Um aber zu verhindern, dass während der für die Abwicklung dieses Geschäfts nötigen Zeit jemand anderer sich des Schatzes bemächtigt, versteckt er ihn – wohl, indem er ihn wieder mit Erde bedeckt. Die Freude über den Fund bestimmt alles Weitere: Er setzt alles auf eine Karte. Ohne Rücksicht auf die Folgen veräußert er sein ganzes Besitztum, um für den Erlös den Acker – und damit den Schatz – zu erwerben. Damit tut er das in seiner Situation Selbstverständliche.

V.45: Als neuer Handlungsträger wird ein ἔμπορος eingeführt – kein einfacher Krämer, sondern ein international agierender Großkaufmann, der sich auf den Import und

---

[164] Die Beurteilung der rechtlichen Problematik ist schwierig. Zwar gab es im rabbinischen Judentum eine breite und kontroverse Diskussion darüber, wie mit auf fremdem Grund gefundenen Gegenständen zu verfahren sei (z.B. BM 2,2; Qid 1,5; pBM 2,8; s. BILL I 674). Der Text dürfte jedoch ein in der antiken Rechtsprechung vielfach vertretenes Verständnis voraussetzen, wonach der Käufer durch den Kauf eines Stück Landes auch das Eigentumsrecht an allen darauf befindlichen Gegenständen erwarb (hierzu das Material bei DERRETT 31-42). Sonst hätte er sich den Hinweis auf das Verstecken des Schatzes sparen können. Hätte schließlich CROSSAN mit seiner Deutung recht, wonach das Gleichnis eine vorsätzlich unmoralische Handlungsweise porträtiere, um so in provokanter Weise zu verdeutlichen, dass Jesus die traditionelle Moral um des Himmelsreiches willen hinter sich lasse, so wäre nicht einzusehen, warum das Gleichnis nicht gleich von einem nächtlichen Diebstahl des Schatzes und den dazu nötigen Anstrengungen erzählte. Im Übrigen scheitert diese Deutung am Parallelgleichnis V.45f, das ebenfalls von einem legalen Vorgang berichtet (LUZ Mt II 352, Anm. 25; DAVIES/ALLISON, Mt II 438).

Export von Perlen – eines besonders kostbaren Gutes also[165] – spezialisiert hat. Knapp wird seine Geschäftspraxis charakterisiert: Sie beruht auf seiner Kennerschaft, die ihn in die Lage versetzt, in aller Welt besonders schöne und wertvolle Perlen aufzuspüren und zu erwerben. Damit ist nur die Voraussetzung für die folgende Handlung umschrieben: Weil er schöne Perlen „sucht", darum kann er auch die eine, besonders kostbare Perle finden. Sein Suchen ist jedoch nicht als ein gezieltes Suchen nach der Himmelsherrschaft zu verstehen (Mt 10,9)[166].

V.46: Nun aber findet er die *eine*, unvergleichlich kostbare Perle. Dass er sie findet, ergibt sich keineswegs als notwendige Folge seines Suchens; es ist vielmehr – nicht anders als das Finden des Schatzes im Acker – das schlechthin Unerwartete und Überraschende. Und dass diese Perle *eine* ist, gehört ebenfalls zur Pointe[167]: Wie diese *eine* Perle sich zu den zahllosen Perlen verhält, die durch des Kaufmanns Finger gegangen sind, so verhält sich die βασιλεία zu den vielfältigen Aspekten und Belangen des Lebens, in die der Mensch eingebunden ist. Sie ist das eine, unvergleichlich Wertvolle schlechthin. So tut auch der Kaufmann das dieser seiner einmaligen Chance Angemessene: Er gibt seinen ganzen Besitz hin – also auch die vielen Perlen, die er bisher gesucht und gefunden hatte –, um diese eine Perle zu kaufen.

[165] Perlen, die man hauptsächlich aus Indien importierte, hatten in der Antike eine Geltung, die der heutigen von Diamanten entspricht; vgl. 1Tim 2,9; Offb 17,4; 18,12.16; 21,21.

[166] Wäre dies gemeint, dann müsste bereits in V. 44b von der „einen" Perle, nämlich dem Himmelreich, die Rede sein. Gegen DAVIES/ALLISON, Mt II 439.

[167] Anders JEREMIAS 198; DAVIES/ALLISON, Mt II 439: ἕνα sei eine überwörtliche Wiedergabe des aram. חד. Doch das ist keineswegs zwingend.

3. Auslegung von 13,47-48: Gleichnis vom Fischnetz[168]

47 **Wiederum steht es mit dem Himmelreich wie mit einem Fischnetz, das ins Meer geworfen wurde und (Fische) von jeder Art einfing.**
48 **Als es voll war, zogen sie es heraus ans Ufer. Und sie setzten sich und sammelten die guten (Fische) in Gefäße, die unbrauchbaren aber warfen sie weg.**

In Form und Aufbau entspricht das Gleichnis den beiden vorhergehenden vom Schatz und der Perle. Es ist wie jene zweiteilig: Einem einleitenden Satz mit dativisch formulierter Themaangabe (V.47) folgt, durch ein Relativpronomen angeschlossen, die eigentliche Gleichniserzählung (V.48). Diese besteht nur aus einem einzigen Satz und beschränkt sich auf die knappe Skizzierung eines aus zwei Phasen bestehenden Handlungsablaufs: das Herausziehen des vollen Netzes aus dem Wasser und die Scheidung der guten von den unbrauchbaren Fischen.
Auf den ersten Blick mag der Eindruck einer gewisse Nähe zum Unkrautgleichnis (V.24-30) entstehen. Er wird durch den Umstand verstärkt, dass beide Gleichnisse Deutungen haben, in denen sich teilweise wörtliche Übereinstimmungen finden (s.u. zu V.49f). Bei näherem Zusehen zeigen sich Differenzen, die das Verständnis beider Gleichnisse als „Doppelgleichnis“[169] oder auch nur als „Gleichnispaar“ ausschließen. So wird hier ein alltäglicher Vorgang – nämlich das Fischen am See Gennesaret – metaphorisch mit der βασιλεία in Verbindung gesetzt; es handelt sich also um ein Gleichnis im engeren Sinn[170], während V.24-29 eine klassische Parabel ist. Und während dort die Zwischenzeit zwischen dem Anfangs- und dem Endgeschehen eine ent-

---

[168] Literatur: MORRICE, W.G., The Parable of the Dragnet and the Gospel of Thomas, ET 95 (1983/84) 269-273.
[169] So JEREMIAS 89 (allerdings mit Einschränkung: ebd. 222f).
[170] Dies gilt trotz des für die Parabel typischen Vergangenheitstempus.

scheidende Rolle spielt, kommt hier dem Zeitfaktor keine erkennbare Rolle zu[171]: Alles ist auf die Scheidung ausgerichtet, die als ein Vorgang erscheint, der in einem ebenso unmittelbaren wie selbstverständlichen Zusammenhang mit dem Fangen der Fische steht.
Anders als die nachfolgende Deutung hat Matthäus das Gleichnis nicht selbst gebildet. Das wird durch die inhaltlichen Spannungen zwischen Gleichnis und Deutung sichergestellt (s. u.). Er dürfte ihm jedoch – wie auch dem Unkrautgleichnis – die vorliegende sprachliche Gestalt gegeben haben, wie einige matthäische Vorzugswendungen vermuten lassen[172]. Wir haben es mit der Erstverschriftung vorgegebener mündlicher Tradition zu tun[173].
Eine Bestimmung von Urgestalt und Herkunft ist kaum möglich. Sollte Jesus sein Programm der endzeitlichen Sammlung *ganz* Israels, der Gerechten und der Sünder, durch den Vergleich mit dem Auswerfen des großen Net-

---

[171] Das verkennen JÜNGEL 147, WEDER 144-147 und GNILKA Mt I 510, wenn sie – offensichtlich durch das Unkrautgleichnis motiviert – die Zeitdifferenz zwischen der durch Jesus vollzogenen Sammlung und der eschatololgischen Scheidung in das Zentrum rücken, um von da her das Gleichnis als Aufruf verstehen, das „Jetzt" als den Raum wahrzunehmen, der dem Menschen zur Entscheidung gewährt ist. Dagegen LUZ Mt II 358.

[172] Dazu gehören der Gegensatz καλός/σαπρός (vgl. 7,17f; 12,33) sowie die an die Weltgerichtsschilderung 25,21-26 erinnernden Worte συνάγειν, καθίζειν, ἀφορίζειν. Mehr als fraglich ist hingegen, ob man aus V. 48f Anspielungen an das Einleitungsszenario der Rede (13,1) heraushören darf (so u.a.LUZ, Mt II 357). Es handelt sich eher um durch die Fischerei-Terminologie verursachte unbeabsichtigte Anklänge.

[173] Die Version des Gleichnisses in EvTh 8 ist keine eigenständige Verschriftungsvariante, sondern von Mt abhängig. Sie handelt von einem klugen Fischer, der – als er neben vielen kleinen auch einen großen, guten Fisch gefangen hatte – die kleinen fahren ließ, um allein den großen zu behalten. Das Gleichnis ist dabei deutlich an Mt 13,44 und 13,45f angeglichen und im übrigen gnostisch übermalt. Hierzu SCHRAGE, W., Das Verhältnis des Thomasevangeliums zur synoptischen Tradition und zu den koptischen Evangelienübersetzungen, Berlin 1964 (BZNW 29) 37-40.

zes, das unterschiedslos *alle Fische* sammelt, veranschaulicht haben? Das wäre immerhin denkbar. Allerdings stände der Gedanke der unmittelbar nachfolgenden Scheidung in deutlicher Spannung zu der Gewissheit Jesu, dass die Sammlung in die βασιλεία das Heil bereits voll vermittelt und nicht nur deren Vorspiel ist. Zweifellos unjesuanisch ist die Anonymität der Fischer: In Jesu Gleichnissen erscheinen sonst durchwegs menschliche Handlungsträger. Sollte erst Matthäus diese getilgt haben im Vorgriff auf die in seiner Deutung in Erscheinung tretenden Engel (V.49)? Mehr spricht dafür, dass das Gleichnis im Zusammenhang eines Traditionskomplexes entstanden ist, dessen Grundlage das Menschenfischerlogion Mk 1,17 bildete. Die beiden erzählerischen Varianten dieser Tradition, Lk 5,1-10 und Joh 21,2-11, stimmen bei aller Verschiedenheit im einzelnen in zentralen Punkten überein: (a) Jesus ist es, der durch seine Gegenwart und Autorität den Erfolg des Fischens seiner Jünger ermöglicht. (b) Petrus erscheint als der hervorgehobene Repräsentant der fischenden Jünger. (c) Mit der Darstellung des überreichen Erfolges des Fischens wird auf die nachösterliche Mission der Jünger angespielt. Das Gleichnis in seiner vorliegenden Form enthält die Punkte (a) und (b) nicht. Es beschränkt sich auf Punkt (c), wobei aber die Berührungen mit den beiden Erzählungen[174] so stark sind, dass es berechtigt erscheint, von einer Gleichnisvariante dieser Tradition zu sprechen. Das entscheidend Neue im Gleichnis ist nun freilich, dass es den reichen Fischfang nur als Vorspiel seiner eigentlichen Handlung, nämlich der Sichtung des Fangs, erzählt. Damit wird die Fischfang-Metaphorik in eine nachösterliche Perspektive gerückt. Diese setzt voraus, dass die Mission bereits im vollen Gang ist und beachtliche Erfolge erbracht hat. Aber

[174] Im einzelnen: die große Menge der Fische (Lk 5,6; Joh 21,6), das ἀναβαίνειν ans Ufer nach dem erfolgten Fang (Joh 21,11); das volle Netz (Joh 21,11). Auch der universalistische Klang der Wendung ἐκ πάντος γένους dürfte in der – wohl universalistisch zu verstehenden - geheimnisvollen Symbolzahl der 153 Fische (Joh 21,11) seinen Grund haben.

damit ist die βασιλεία noch nicht verwirklicht, das Handeln Gottes noch nicht zu seinem Ziel gekommen. Denn die endzeitliche Scheidung zwischen „Guten“ und „Schlechten“, zwischen „Berufenen“ und „Auserwählten“ (2,14) steht noch aus.
Anders als im Unkrautgleichnis geht es hier nicht um Herkunft und Geschick des Gottwidrigen in der Welt. Aber auch die Frage nach dem Beieinander von Bösen und Gerechten in der Kirche spielt hier ebenso wenig wie dort eine Rolle. Das Thema des Gleichnisses ist vielmehr der Ausgang jenes Geschehens, das mit der Verkündigung der Heilsbotschaft in der Welt seinen Anfang genommen hat[175]. Es warnt vor dem Irrtum, als sei die Himmelsherrschaft bereits mit dem erfolgreichen Gang der Mission durchgesetzt: Weder das Netz, noch die in ihm gesammelte Fülle der Fische ist mit der βασιλεία gleichzusetzen. Diese ist vielmehr ein Geschehen, das mit beidem seinen Anfang genommen hat, um erst mit der noch ausstehenden Scheidung und Sammlung sein Ziel zu erreichen.

V.47: Zur Einleitungsformel vgl. V.24.31.33.45f.
Die σαγγήνη ist ein Schleppnetz, wie es in der Fischerei am See Gennesaret gebräuchlich war. Es wurde zunächst zwischen zwei Booten ausgeschleppt, wobei man die eine Längsseite mit Gewichten versah, so dass sie sank, während man die andere mit leichtem Holz versah, so dass sie schwamm. Sodann zog man es mit langen Seilen an Land[176]. Auffällig ist, dass die dabei agierenden Fischer unerwähnt bleiben und in passivischen sowie in unpersönlichen partizipialen Wendungen „versteckt“ werden. Vermutlich im Blick auf die Deutung, in der Engel als Handelnde eingeführt werden, hat Matthäus den an sich nahe

---

[175] Vgl. LUOMANEN 141: Es geht um „Matthew´s understanding of the final steps of history, when the disciples have fully carried out their commission as the fishers of men, the gospel has been preached to all nations and the Son of Man sends his angels to remove all the bad ones.“
[176] Hierzu DALMAN, Arbeit und Sitte VI, 351.

liegenden Bezug auf gemeindliche Amtsträger vermieden. Ἐκ πάντος γένους bereitet die folgende zentrale Aktion vor: Weil im Netz höchst Unterschiedliches beieinander ist, ist eine Scheidung unumgänglich. Aber die Leser und Leserinnen sollen dabei wohl auch an πάντα τὰ ἔθνη (28,19) denken.
V.48: Dass die Fischer nach erfolgreichem Fischzug am Strand *sitzen*, um den Ertrag zu sichten, ist ein dem realen Leben entnommener Zug. Καθίσαντες als Anspielung auf das Sitzen des Richters beim Weltgericht (19,28; 25,31; 26,64 u.ö.) zu verstehen, besteht also kein Anlass, zumal dieses Motiv in der Deutung nicht aufgenommen wird[177]. Mit τὰ σάπρα sind unbrauchbare Fische gemeint[178], also die als unrein geltenden Fische ohne Schuppen (Lev 11,10f), sowie alle für nicht essbar gehaltenen Wassertiere (wie Krabben). Sicher hat für Matthäus das Gegensatzpaar κάλος – σαπρὸς eine hier mitzuhörende ethische Komponente (7,17f; 12,33). Da die sortierenden Fischer am Ufer sitzen, ist mit ἔξω auf der Bildebene nicht das Meer gemeint, sondern der Müllhaufen außerhalb des Behälters, in den die guten Fische geworfen werden. Dass dabei auf der Sachebene eine Assoziation zum Bereich „außerhalb" des Heils (vgl. 8,12) hergestellt werden soll, legt sich von V. 50 her nahe.

4. Auslegung von 13,49-50: Deutung des Gleichnisses vom Fischnetz

49 **So wird es am Ende der Zeit sein. Ausziehen werden die Engel, und aussondern werden sie die Bösen aus der Mitte der Gerechten,**
50 **und sie in den Feuerofen werfen. Dort wird Heulen und Zähneknirschen sein.**

---

[177] Gegen LUZ, Mt II 360. Richtig HAGNER, Mt I 399; BURCHARD 102.
[178] Zu dieser Wortbedeutung BAUER/ALAND 1485.

Die Deutung ist ausschließlich Werk des Matthäus. Sie ist selektiv, und zwar in doppelter Hinsicht: Sie lässt den Vorgang des Fischens unberücksichtigt, um sich ganz auf die Selektion zu konzentrieren; und sie übergeht deren positive Seite, nämlich die Aussonderung der „guten", um ausschließlich das Geschick der „unbrauchbaren Fische" zu thematisieren. Redundant verfährt sie dabei insofern, als sie sich darauf beschränkt, bereits in der Deutung des Unkrautgleichnisses (V.40-43) Gesagtes fast wörtlich zu wiederholen. So entsteht der Eindruck eines bloßen Teilausschnittes aus V.40-43, der allein das Gericht über die „Bösen" thematisiert. Von den „Gerechten" ist nur beiläufig die Rede; anders als in V.43 erfahren wir über ihren Eingang in das „Reich ihres Vaters" nichts. Ein drohender, düsterer Klang gewinnt hier die Oberhand.
Warum lässt Matthäus die Gleichnisrede so ausklingen? Der unmittelbare Anschluss an die beiden Jüngergleichnisse (V.44-46) legt nahe, Gleichnis und Deutung ebenfalls als unmittelbar an die Jünger gerichtet zu verstehen. Aber was ist dann ihr Sinn in diesem Zusammenhang? Schwerlich sollen die Jünger eine Information darüber erhalten, „was mit dem am Strande stehenden Volk geschehen wird"[179]. Oder sollen sie darauf hingewiesen werden, dass sie bei ihrer Verkündigungs- und Missionstätigkeit, d.h., wenn sie ihrem Auftrag als „Menschenfischer" nachgehen, die Menschen noch nicht endgültig zur Himmelsherrschaft gebracht haben, weil das Entscheidende, die künftige Trennung von „Bösen" und „Gerechten", noch aussteht? Allenfalls V. 47-48 wäre so deutbar, keineswegs jedoch V.49-50. So bleibt als wahrscheinlichste Möglichkeit: Es geht um eine Warnung an die Jünger. Auch wenn sie sich durch die βασιλεία haben in Bewegung setzen lassen und um ihretwillen auf andere Lebensmöglichkeiten verzichtet haben, sind sie nicht im sicheren Besitz der βασιλεια. Die

---

[179] So LUZ, Mt II 361. Das ist schon deshalb ausgeschlossen, weil Jesus seit V. 36 das Volk verlassen hat und das Volk darum schon längst nicht mehr am Ufer steht!

Möglichkeit, dass sie beim kommenden Gericht als „Böse“ aus den Reihen der „Gerechten“ aussortiert und „hinausgeworfen“ werden, ist auch für sie noch nicht abgewendet.

V.49: Die Übergangswendung vom Gleichnis zur Deutung entspricht fast wörtlich V.40b. Das Folgende nimmt V.41 in vereinfachter Weise auf: Der Hinweis auf den „Menschensohn“ und sein „Reich“ fehlt. Darum werden die Engel auch nicht von ihm gesandt; lediglich davon, dass sie (von seinem Bereich) „ausgehen“ ist umschreibend die Rede. Sie sondern die „Bösen“ aus der „Mitte der Gerechten“ aus: Mit dieser personalen Umschreibung ist schwerlich die Kirche, sondern – analog zu V.38 – die Welt gemeint. Sie wird damit als der Gott zugehörige, seiner Herrschaft unterstehende Bereich restituiert. Ein Gericht über die Gerechten ist hier offensichtlich noch weniger als in V.41 vorausgesetzt.
V.50: Wohl aber wird es zum Gericht kommen über die Gottwidrigen und Ungerechten, das hier mit den gleichen Worten wie in V. 42 beschrieben ist.

5. Auslegung von 13,51-52:
Schlussgleichnis: Vom Verstehen der Jünger[180]

51 **„Habt ihr das alles verstanden?“ Sie sagen zu ihm: „Ja!“**
52 **Er aber sagte zu ihnen: „Deshalb gleicht jeder Schriftgelehrte, der im Himmelreich unterrichtet ist,**

---

180 Literatur: BETZ, O., Neues und Altes im Geschichtshandeln Gottes, in: ders., Jesus. Der Messias Israels, Tübingen 1987 (WUNT 42) 285-300; DUPONT, J., Nova et Vetera (Mt 13,52), in: ders., Etudes II 920-928; KREMER, J., „Neues und Altes“, in: J. Kremer/O. Semmelroth/J. Sudbrack, Neues und Altes, Freiburg u.a. 1973, 11-33; SCHNACKENBURG, R., „Jeder Schriftgelehrte, der ein Jünger des Himmelreichs geworden ist“ (Mt 13,52), in: Wissenschaft und Kirche (FS E. Lohse), hrsg. K. Aland/S.Meurer, Bielefeld 1989, 57-69; ZELLER, D., Zu einer jüdischen Vorlage von Mt 13,52, BZ 20 (1976) 223-226.

einem Hausherrn, der aus seiner Vorratskammer Neues und Altes austeilt.“

Die Rede schließt mit einem kurzen Dialog zwischen Jesus und den Jüngern. Er besteht aus zwei Teilen: Auf die Frage Jesu und die unmittelbare Antwort der Jünger (V.51) folgt eine abschließende Stellungnahme Jesu in Form eines letzten Gleichnisses (V.52). Es ist kaum zweifelhaft, dass Matthäus diesen Abschnitt ohne direkte überlieferungsmäßige Vorgaben selbständig geschaffen hat[181].
Was aber war die ihn dabei leitende Absicht? Diese Frage zu beantworten erscheint deshalb so schwierig, weil der Bezug zwischen dem Frage-Antwort-Spiel von V.51 und dem Schlussgleichnis V.52 nicht eindeutig ist. Wieso kommt Jesus nun plötzlich und ohne Übergang auf den „im Himmelreich unterrichteten“ Schriftgelehrten zu sprechen? Hier scheint ein Bruch vorzuliegen – zumindest in der Sicht heutiger Ausleger. Allein, wir tun gut mit der Annahme, dass es sich in der Sicht des Matthäus anders verhalten hat. Für ihn wie für seine Leserinnen und Leser dürfte das Schlussgleichnis nicht nur einem unmittelbar einsichtigen Zusammenhang mit der vorangegangenen Verstehensfrage und deren Antwort gestanden haben, sondern darüber hinaus als Abschluss der gesamten Gleichnisrede von hervorgehobener Bedeutung gewesen sein.
Jesus fragt die Jünger zunächst danach, ob sie ταῦτα πάντα verstanden haben. Das bezieht sich nicht nur auf das unmittelbar vorangegangene Fischnetzgleichnis, sondern auf die gesamte Gleichnisverkündigung zurück und nimmt zugleich Bezug auf die in der Rede mehrfach zentral thematisierte Verstehensproblematik (V.10-

---

[181] BULTMANN, Tradition 107f. vermutet hinter V. 52 ein jüdisches Maschal, das erst durch die Tradition zu einem Jesuswort gemacht worden ist; ZELLER* rechnet mit dem direkten Rückgriff des Matthäus auf einen jüdischen Weisheitsspruch, während HAGNER; Mt I 401 ohne nähere Begründung die Herkunft aus einer matthäischen Sonderquelle postuliert. Doch alle diese Erklärungsversuche schaffen mehr Schwierigkeiten, als sie beseitigen.

17.23.34f). Die Jünger – so der bisherige Leittenor – sind die von Jesus selbst in den Gleichnissen Unterwiesenen; sie haben die Gleichnisse gehört (V.18) und deren Sinn gedeutet erhalten (V.36). Dass es sich in der Tat so verhält, wird nun am Schluss der Rede durch die Frage Jesu und das ihr antwortende „Ja“ der Jünger ausdrücklich sichergestellt. Dieses „Ja“ hat den Charakter einer verbindlichen Versicherung[182]. Als solche bildet es die Basis für das Folgende. Wir haben hier eine strukturelle Entsprechung zu 16,17-19 vor uns: Dort reagiert Jesus auf die bekenntnishafte Versicherung des Petrus (16,17), indem er dem Jünger die Vollmacht zum Bauen seiner ἐκκλησία erteilt. Auch V.52 dürfte als eine derartige Bevollmächtigung zu verstehen sein. Das die Replik Jesu einleitende διὰ τοῦτο kennzeichnet das Folgende nämlich eindeutig als Konsequenz aus dem bekenntnishaften „Ja“ der Jünger.

Aber was ist der Sinn dieses Folgenden? Eindeutig ist zunächst: Formal ist die Aussage ein Gleichnis. Es mag für Matthäus nahe gelegen haben, seine schriftstellerische Kunst zu erweisen, indem er die Gleichnisrede auch mit einem Gleichnis beschloss. Dieses letzte Gleichnis hat freilich ein anderes Thema als die vorangegangenen: nicht mehr die Himmelsherrschaft, sondern „jeder Schriftgelehrte, der in der Himmelsherrschaft unterwiesen ist.“ Sinn hat diese Themaangabe freilich nur, wenn die Leser und Leserinnen mit ihr eine konkrete Vorstellung verbanden. Offenbar waren ihnen christliche „Schriftgelehrte“ aus ihrem Gemeindeleben bekannt und vertraut. Was sie speziell aus dem Gleichnis erfahren, betrifft Auftrag und Funktion eines solchen Schriftgelehrten: Er gleicht einem „Hausherrn“, der Güter aus seiner Schatzkammer an die Glieder seiner Großfamilie austeilt. Dass er das tun kann, ist – so das διὰ τοῦτου – die Folge dessen, dass die Jünger Jesu Gleichnisrede verstanden haben.

---

[182] Von 5,37 her ist das einfache „Ja“ im Mund des Jüngers verbindliche Versicherung; es bedarf keiner darüber hinausgehenden feierlichen Formeln.

Gegen diese Rekonstruktion des Argumentationszusammenhangs scheint zunächst der abrupte, ohne Erklärung bleibende Übergang von den Jüngern zu „jedem Schriftgelehrten" zu sprechen. Auch die Metaphorik des Gleichnisses erscheint zunächst als unklar: Aus welchem Grund wird der christliche Schriftgelehrte ausgerechnet mit einem Hausherrn verglichen, und warum wird dessen Austeilen „aus seinem Schatz", also aus seiner Vorratskammer – an sich alles andere als eine für einen Hausherrn typische Tätigkeit – als entscheidender Vergleichspunkt herausgestellt. Bedürfte es nicht, um das schlüssig zu machen, genauerer Erklärungen? Matthäus könnte auf solche Erklärungen allerdings dann verzichten, wenn er sich mit alledem auf einen Vorstellungskomplex beriefe, den er als seinen Leserinnen und Lesern vertraut voraussetzen würde. Und eben dies dürfte der Fall sein. Die Basis dafür bildete das aus Q stammende, ursprünglich eschatologisch ausgerichtete Gleichnis von den wartenden Knechten, das anscheinend sowohl in Mt 24,49-51 wie auch – mit besonderem Nachdruck – in Lk 12,41-46 als allegorische Darstellung des Verhaltens der gemeindlichen Amtsträger gedeutet wurde. Matthäus bezieht sich nicht direkt auf das Gleichnis, sondern auf den aus diesem abgeleiteten, in seiner Gemeinde lebendigen Deutungskomplex. Von da her wird der Vergleich des Gemeindeleiters mit einem οἰκοδεσπότης (vgl. 24,43; Lk 12,41) ebenso verständlich wie die Deutung von dessen Tätigkeit als ἐκβάλλειν ἐκ τοῦ θησαυροῦ αὐτου (vgl. Lk 12,42; Mt 24,45). Beides setzt Matthäus als bekannt voraus. Es dient ihm als Vorgabe, von der her er seine spezifische Deutung entwickelt.

Das, worum es in ihr geht, lässt sich als *Sukzession des Verstehens* umschreiben. Die in der Gemeinde tätigen christlichen Schriftgelehrten sind Jünger Jesu, weil und insofern sie Jesu Botschaft vom Himmelreich gehört und verstanden haben. Wie schon in den Gleichnissen vom Schatz im Acker und vom Perlenhändler, erfährt der Jüngerbegriff dabei eine Engführung: Es ist hier nicht von allen Christusgläubigen, sondern allein von denen die Rede, die sich mit ihrer ganzen Existenz in den Dienst der βασιλεία gestellt haben. Zu diesen gehörten die Jünger, die damals Jesus gehört und verstanden hatten. Zu diesen gehören aber auch die jetzt wirkenden, der Gemeinde bekannten Schriftgelehrten. Sie waren zwar nicht unmittelbare Hörer des leibhaft gegenwärtigen Jesus. Und doch haben sie Anteil bekommen an dessen Hören und Verstehen. Weil sie „im Himmelreich unterrichtet worden“ sind, darum ist die Botschaft von der βασιλεία in der Kirche bleibend gegenwärtig als „Schatz“. Dies freilich nicht – wie der Begriff „Schatz“ missverstanden werden könnte – als fixierter Bestand von Lehrsätzen. Entscheidend ist vielmehr, dass dieser Schatz unter den Gliedern der Kirche ausgeteilt wird, und das heißt: dass ein lebendiger Prozess des Lehrens und Verstehens in der Kirche in Gang kommt. Es geht hier weder um eine Handlungsanweisung für die gemeindlichen Schriftgelehrten, noch um Kriterien, anhand derer die Gemeinde rechte und falsche Schriftgelehrte unterscheiden könnte. Im Blick ist vielmehr allein die Vergewisserung der Gemeinde darüber, dass die in ihr wirkenden Schriftgelehrten in der Sukzession des Verstehens der Himmelsherrschaft stehen und ihr so die Möglichkeit solchen Verstehens erschließen. Von ihnen dürfen sie erwarten, „Neues und Altes“ zu erfahren. Wobei das Neue nicht ohne Grund voransteht: So wichtig die Wiederholung und Bekräftigung des „Alten“, schon immer Bekannten, auch sein mag – entscheidend ist, dass zu allererst die βασιλεία mit ihrer innovativen Kraft zu Wort – und damit zur Wirkung – kommt.

Das Wirken des Heiligen Geistes wird von Matthäus zwar nirgends explizit thematisiert. Der Sache nach wird es hier jedoch implizit vorausgesetzt und umschrieben. Aber wie dem auch sei: Mit dem Abschluss der Gleichnisrede baut Matthäus eine Brücke zur Gegenwart seiner Kirche. Er gibt seinen Leserinnen und Lesern in ihr gleichsam einen hermeneutischen Schlüssel in die Hand, indem er ihnen zeigt, wie und warum Hören und Verstehen der Himmelreichsbotschaft auch für sie möglich ist.

V. 51: Unmittelbar und ohne Übergang folgt auf das Fischnetzgleichnis eine unmittelbare Anrede Jesu an die Jünger. Nicht nur dies ist ungewöhnlich[183], sondern auch die Frageform[184]. Wie ein guter Lehrer, will Jesus den Lehrerfolg sichern, ehe er die Schüler dazu auffordert, aus dem Gelernten unmittelbare Folgerungen für sich selbst zu ziehen. Trotz der Knappheit ist das „Ja", mit dem die Jünger antworten, gewichtig. Die Jünger haben in der Tat verstanden.
V. 52: Jesus kann darum in seiner abschließenden Replik darauf (διὰ τοῦτο[185]) diese Folgerung konkret entfalten. Er tut dies, indem er die gegenwärtige Situation der Gemeinde anspricht. Der Begriff γραμματεὺς bezieht sich bei Matthäus sonst durchweg auf die Gegner Jesu und ist darum überwiegend negativ besetzt (z.B. 2,4; 5,20; 7,29; 23,2.13ff). Wenn hier nun das Syntagma γραμματεὺς μαθητευθεὶς τῇ βασιλεία τῶν οὐρανῶν ohne nähere Erklärung in eindeutig positiver Konnotation eingeführt wird, so lässt dies darauf schließen, dass es sich dabei um eine den Rezipienten geläufige Bezeichnung für einen konkreten Kreis von Menschen handelt, die in der Gemeinde eine bestimmte Funktion wahrnahmen: nämlich die des Lehrers. Verhält es sich so, dann muss man hier nicht die spezifisch matthäische Bedeutung von μαθητεύειν als „zum Jünger machen" (28,19) bzw. von μαθετεύεσθαι als „Jünger werden" voraussetzen, sondern darf von der Grundbedeutung von μαθητεύειν als „Schüler sein"[186] ausgehen[187]. Demnach geht es keineswegs um einen (jüdischen) Schriftgelehrten, der (durch Bekehrung) „Jünger"

---

[183] Deshalb die Einfügung von λέγει αὐτοῖς ὁ Ιησοῦς als Redeeinleitung in der überwiegenden Mehrzahl der Textzeugen.
[184] Matthäus tilgt die Frageform im Allgemeinen in Jesusworten, wo sie von der Tradition vorgegebene war; vgl. DAVIES/ALLISON, Mt I 104f; II 444.
[185] Die Frage in V. 51 ist also keineswegs „simply rhetorical" (so DAVIES/ALLISON, Mt II 44).
[186] Bl-Debr-Rehkopf § 148 Anm. 5.
[187] Zumal ja auch in Mt 28,19 die Komponente des „Schüler"-Seins vorhanden ist.

der βασιλεία geworden ist[188], sondern um einen Schriftgelehrten, dessen Tätigkeit dadurch maßgeblich bestimmt ist, dass er „belehrt worden ist hinsichtlich der βασιλεία“[189]. Man wird ihn sich als ein Glied der christlichen Gemeinde vorzustellen haben, das Schriftkenntnis hat und die wesentlichen herkömmlichen Methoden der Schriftauslegung beherrscht, das aber zugleich mit der Jesusüberlieferung vertraut ist und sie ebenfalls in seine Lehre einbringt, indem er sie nicht nur tradiert, sondern lehrend interpretiert. Auch in 23,8-10.34 setzt Matthäus die Existenz solcher christlicher Schriftgelehrter voraus. Dass er selbst einer von ihnen war, ist kaum fraglich. Insofern äußert er sich hier in eigener Sache. Und zwar geht es ihm nicht darum – einem mittelalterlichen Maler gleich – am Rande des von ihm geschaffenen Gemäldes verstohlen sein Selbstporträt anzubringen; es geht ihm vielmehr um eine grundsätzliche theologische Ortsbestimmung der *Funktion* jener christlichen Schriftgelehrten, von denen er einer ist. Dass deren faktische *Stellung* in der Gemeinde unumstritten ist, setzt die Hausherrn-Metaphorik dabei voraus: Sie gelten tatsächlich als deren Leiter. Das Gleichnis sagt nun, worin ihre Leitungstätigkeit besteht: Sie verwalten den „Schatz“ vorgegebener Überlieferung und Lehre[190]. Und zwar tun sie das, indem sie daraus „Neues und Altes“ an die ihnen anvertrauten Gemeindeglieder austeilen. Das ist ein Zug, der in Spannung zur Hausherrn-Metaphorik steht – würde man doch von einem verantwortungsbewussten Hausherrn zu aller erst erwarten, dass er jedem Glied seines Haushalts aus seinem Vorrat das austeilt, was es nötig hat. Dem Gleichnis geht es zentral um die inhaltliche Qualifizierung des Vorrats: Er enthält „Neues und Altes“. Aber

[188] Dagegen mit Recht LUZ, Mt II 363: Von christlichen Schriftgelehrten, die vorher jüdische Schriftgelehrte waren, wissen wir nichts.

[189] Μαθηθευθεὶς ist passivisches Deponens (Bauer/Aland 985), τῇ βασιλεία Dativ der Beziehung.

[190] Aus der Weisheitsliteratur ist die Schatz-Metapher geläufig. Dort ist der Schatz die Weisheit (Weish 7,14; Sir 1,23; 20,30; 40,18f; 41,14).

was ist damit gemeint? Eine Erklärung ist schwierig, da der unmittelbare Kontext kaum Hinweise gibt. Deutlich ist lediglich: Das Neue steht voran, hat also einen Vorrang gegenüber dem Alten. Andererseits aber steht es nicht im Gegensatz zu jenem[191]: Der Hausherr teilt ja beides gleichermaßen aus – und zwar offenbar an alle Glieder seines Haushalts[192]! Soll man beim Alten an das von den Profeten Geweissagte und beim Neuen an die Reichgottesverkündigung Jesu denken[193]? Oder ist das Verhältnis zwischen dem „zu den Alten Gesagten" Wort der Tora und deren neuer Auslegung durch Jesus (5,17) im Blick[194]? Ist mit dem Alten die ursprüngliche Jesusüberlieferung, mit dem Neuen aber deren situationsgemäße Weiterentwicklung durch verstehende Lehrer gemeint[195]? Am nächsten mag es liegen[196], im Alten einen Bezug auf die im AT bezeugte

---

[191] Anders BETZ*, der in Jes 43,18f den Deutungsschlüssel finden will. Aber auch Mk 2,21f; 2Kor 5,17; Offb 21,4f bieten keine angemessene Erklärungshilfen.

[192] Der Gedanke, dass er jedem Haushaltsglied das gibt, was es – auf Grund seiner Voraussetzungen oder seines Erkenntnisstandes – nötig hat, bleibt also beiseite. Anders als in der gnostischen Variante Ev Phil log 119 (Schneemelcher I[5] 170f): „Ein Hausherr...war klug und kannte die Nahrung von jedem. Den Kindern legte er fertiges Brot und Fleisch vor. Den Sklaven aber legte er Rizinusöl und Mehl vor... Ebenso verhält es sich mit dem Jünger Gottes. Wenn er klug ist und sich auf die Jüngerschaft versteht, werden ihn die körperlichen Erscheinungsformen nicht täuschen, sondern wird er auf die Beschaffenheit der Seele eines jeden blicken und (entsprechend) mit ihm reden."

[193] So WIEFEL 265 unter Hinweis auf 11,13.

[194] Das würde in einer gewissen Analogie zum Verhältnis zwischen der Tora und den diese auf neue Gegebenheiten hin weiter interpretierenden Halachot der Rabbinen stehen; so GNILKA, Mt I 511.

[195] So SCHLATTER 450f; Schnackenburg* 67f; FRANKEMÖLLE, Mt II 186. Das hätte für sich, dass dadurch ein unmittelbarer Rückbezug zur Gleichnisrede in der Weise hergestellt würde, dass Matthäus das dort von ihm selbst in seinen Gleichnisdeutungen geübte Verfahren hier abschließend beschriebe. Ob die Voranstellung des Neuen gegenüber dem Alten ein wirklich schlüssiges Gegenargument ist (so LUZ, Mt II 365), ist keineswegs sicher.

[196] Auflistung weiterer Deutungsvarianten: DAVIES/ALLISON II 447.

Geschichte Gottes mit Israel zu sehen. Jesu Geschichte und – vor allem – seine Botschaft von der Himmelsherrschaft wären dann das Neue, von dem aus das Alte zu interpretieren ist.